MILLÉNIUM, STIEG ET MOI

DU MÊME AUTEUR

Millénium, *Stieg et moi*, Actes Sud, 2011.

Illustrations :
Collection particulière d'Eva Gabrielsson

ISBN 978-2-330-00974-8

EVA GABRIELSSON
& MARIE-FRANÇOISE COLOMBANI

MILLÉNIUM, STIEG ET MOI

BABEL

Till alla er som höll mig när jag inte höll i hop själv. Och till er som stannade kvar efteråt.

A tous ceux qui m'ont soutenue quand je vacillais, et à tous ceux qui sont encore là aujourd'hui.

EVA GABRIELSSON

PRÉFACE

Oui, il existe un mystère *Millénium*. Et des secrets aussi. Comme dans le mythe de la caverne de Platon, les polars de Stieg Larsson ne laissent apparaître qu'une certaine réalité. Celle qui reste cachée, derrière, est emplie d'histoires s'ouvrant en abyme sur d'autres histoires. La trilogie est riche de signes, certains sont tirés du quotidien et d'autres, étrangement puissants, relient Stieg Larsson et Eva Gabrielsson, sa compagne pendant trente-deux ans, à des univers bien à eux : la science-fiction, la Bible, la lutte contre l'extrême droite, l'engagement pour les droits de l'homme, la mythologie scandinave, l'espionnage…

A travers le regard privilégié d'Eva Gabrielsson, *Millénium* apparaît comme bien plus que la série policière connue dans le monde entier. C'est une allégorie sur la lutte permanente et individuelle pour la morale et la justice – des valeurs pour lesquelles Stieg Larsson se battait depuis toujours. Ces livres sont pour elle le miroir d'une vie et d'un amour partagés, mais aussi l'incarnation de moments terribles. Le premier, et le plus dramatique, est bien sûr la disparition subite de Stieg. Foudroyé à cinquante ans par une crise cardiaque alors qu'il venait à peine de rendre ses manuscrits à son éditeur, il n'aura jamais assisté au succès immense de sa trilogie. Le reste relève du domaine du sordide. Le concubinage n'étant pas reconnu en Suède, elle a été privée de tout l'héritage de son compagnon, et a même craint un moment de se retrouver à la porte de leur petit appartement, dont elle ne possédait que la moitié. Autre motif d'accablement pour Eva : voir grandir une "industrie Stieg Larsson" aux antipodes de l'homme qu'il était. Série télé, films, livres de faux amis, rumeurs multiples et variées... Peu à peu, le vrai Stieg Larsson, le militant, le féministe, le journaliste, l'autodidacte à la culture immense et éclectique, s'est effacé pour ne laisser dans la lumière que l'auteur de romans policiers.

Toute la vie de Stieg, du début à la fin, a été un véritable roman dont Eva, personnage principal de cette saga intime, a décidé de nous livrer quelques clés. Cette femme entière, fidèle et idéaliste, autant que l'était Stieg, n'accepte pas les compromis. Ceux qui la connaissent en savent quelque chose. Les amis peuvent compter sur elle comme ils pouvaient compter sur son compagnon : à la vie, à la mort. Les autres ont été abandonnés sur le chemin de la trahison, comme Stieg l'aurait fait.

Aujourd'hui, Eva se bat pour obtenir la propriété intellectuelle de l'œuvre de son compagnon. Elle le fait pour lui qui, plus que tout, aurait détesté que *Millénium*, ses articles contre le racisme, ses livres sur l'extrême droite, ses textes de jeunesse deviennent une source de profit. Si sa requête est acceptée, elle lèvera le mystère sur le quatrième tome, dont elle a suivi la genèse de l'intérieur, comme pour les trois premiers volumes. Ainsi, les amoureux de *Millénium* que nous sommes peuvent encore espérer retrouver un jour leurs héros. Et les ennemis de Lisbeth Salander et Mikael Blomkvist doivent, eux, commencer à trembler. Ce livre aura pour titre *La Vengeance de Dieu*. Qu'ils sachent qu'Eva, grande danseuse de salsa devant l'Eternel, est prête à finir d'écrire leur destin et à mener ainsi la danse sur leur cadavre.

MARIE-FRANÇOISE COLOMBANI

DU CAFÉ

Souvent, on me demande si les Suédois boivent autant de café que les personnages de *Millénium*. Effectivement, nous en consommons beaucoup puisque nous sommes, après la Finlande, le pays qui en boit le plus au monde. Mais s'il ne devait y avoir qu'un seul point commun entre Stieg Larsson et Mikael Blomkvist, ce serait sans aucun doute leur nombre impressionnant de tasses de café quotidiennes.

Stieg et moi partagions cette addiction qui datait de notre enfance. Dès cinq ans, à l'âge où l'on boit généralement du lait, la grand-mère de Stieg lui en donnait ouvertement ; la mienne le faisait plus discrètement, car ma mère était encore là.

Le café était pour nous deux un remède extraordinaire contre toutes les formes de malheurs, petits ou grands. Synonyme d'intimité, de convivialité, d'hospitalité, il accompagnait aussi nos moments heureux et nos longues, très longues conversations en tête-à-tête ou avec nos amis. Pendant nos trente-deux ans de vie commune, je pense qu'on a été largement responsables des bénéfices de l'industrie du café ! Après avoir expérimenté toutes les façons de le faire, on est toujours revenus au café turc. Chez nous, une cafetière était en permanence sur le feu.

Aujourd'hui, je ne prépare plus de café pour moi. C'est trop bête de ne remplir qu'une demi-cafetière. En plus, la moitié vide signifie que Stieg ne me regardera plus par-dessus sa tasse, les yeux pétillants de curiosité comme ceux d'un enfant devant un cadeau à ouvrir. Que je ne l'entendrai plus me dire : "Alors, raconte. Qu'est-ce que tu as fait aujourd'hui ? Qu'as-tu découvert de nouveau ?"

Dans *Millénium*, il arrive que Lisbeth Salander abrège une conversation avec Mikael Blomkvist en disant : "Je vais y réfléchir." La première fois que j'ai lu cette phrase, j'ai éclaté de rire. Quand Stieg et moi avions un désaccord important, que nous étions dans une impasse parce que je refusais d'adopter ses idées, je finissais toujours par prononcer cette phrase-clé. Elle signifiait que c'était le moment de passer à autre chose, une conversation plus neutre et plus sympathique. A ce signal, immédiatement, l'un ou l'autre se levait pour préparer un pot de café et nous étions de nouveau amis.

Aujourd'hui, je ne bois plus jamais de café seule à la maison.

Je suis passée au thé.

Ce livre, j'aurais voulu ne jamais l'écrire. Il parle de Stieg, de notre vie, mais aussi de ma vie sans lui.

Il m'a été arraché par une crise cardiaque le 9 novembre 2004. Un jour maudit pour moi et qui, avant, l'a été à très grande échelle pour beaucoup d'autres. Je pense au 9 novembre de l'année 1938 où, pendant la Nuit de cristal, les nazis franchirent un nouveau pas vers la solution finale en s'en prenant à leurs concitoyens juifs. Stieg a toujours marqué le souvenir de la Nuit de cristal en participant à des colloques. Le soir du 9 novembre 2004, il devait donner une conférence au siège de l'ABF

(Arbetarnas Bildningsförbund), l'Association pour la formation des travailleurs.

Au moment de sa mort, je n'étais pas avec lui. J'étais, pour mon travail d'architecte, dans la province de Dalécarlie. Cela aurait-il fait une différence si j'avais été là ? Je ne le saurai évidemment jamais, mais j'aime à le croire ; le fait d'être ensemble transformait formidablement chaque instant de notre vie.

"Stieg Millénium", l'auteur de polars à succès, est né en juillet 2005 avec la parution du premier tome de sa trilogie. Depuis, il y a eu des films pour le cinéma et la télévision.

Pourtant, *Millénium* n'est qu'un épisode du parcours de Stieg, et surtout pas l'œuvre de sa vie.

Le Stieg de "l'industrie *Millénium*" ne m'intéresse pas.

Celui qui me plaît, c'est mon compagnon de vie et mon allié dans tout. Celui que j'ai aimé profondément et avec lequel j'ai cheminé pendant trente-deux ans. L'homme tendre, enthousiaste, drôle, engagé, généreux… Le journaliste, le féministe, le militant, l'amour de ma vie.

En le perdant, j'ai perdu une grande partie de moi-même.

Ce Stieg-là est né le 15 août 1954…

JEUNESSE

Dans *Les Hommes qui n'aimaient pas les femmes*, le premier tome de *Millénium*, Mikael Blomkvist découvre une photo prise le jour de la disparition de Harriet Vanger pendant le défilé de la fête des Enfants à Hedeby, la partie ancienne du village de Hedestad. Pour essayer d'avoir des renseignements sur cette journée et, ainsi, trouver une piste pour comprendre ce qui a pu effrayer l'adolescente, il part à la rencontre du couple de touristes qui a photographié la scène, quarante ans auparavant. Sa recherche le conduit dans le Nord de la Suède, d'abord à Norsjö, puis à Bjursele, dans la région de Västerbotten. Ces choix peuvent paraître étranges, ce sont des coins paumés et très peu connus des Suédois. Ils étaient en revanche très familiers pour Stieg. C'est dans cette région qu'en 1955, il est arrivé tout bébé chez ses grands-parents maternels. Ses parents, Erland Larsson et Vivianne Boström, trop jeunes pour l'élever correctement, sont ensuite partis habiter à mille kilomètres dans le Sud. En 1957, ils déménageront à nouveau pour s'installer à Umeå (prononcer Umio), une petite ville située à deux cents kilomètres de Norsjö.

Pour Stieg, citer ces lieux et les faire connaître était une façon de rendre hommage à la petite communauté de gens qui lui a fait vivre les meilleurs moments de sa jeunesse. Et de les remercier pour les valeurs qu'ils lui ont transmises.

Stieg habitait avec ses grands-parents une petite maison en bois, en bordure de forêt, avec une cuisine et une seule chambre, sans eau, ni électricité, ni W.-C. Ce genre de maison, proche de la ferme familiale, est typique de la campagne suédoise. Dans le temps, on y installait les anciens quand la nouvelle génération prenait la succession de l'exploitation. Les murs de la maison des grands-parents étaient mal isolés, les planches sans doute jointées avec de la sciure comme cela se faisait souvent à l'époque dans ces habitations. Le système de chauffage se limitait à la cuisinière à bois sur laquelle sa grand-mère préparait les repas. En hiver, la température extérieure pouvait descendre jusqu'à – 37 degrés avec, au maximum, trente minutes de lumière par jour. Stieg se rendait alors à l'école du village à skis de fond et à la lueur de la lune. Avec sa curiosité naturelle, il explorait sans se lasser les forêts, les lacs et les chemins à la rencontre des gens et des animaux. Les conditions de vie étaient très difficiles, et il fallait faire preuve de beaucoup d'ingéniosité pour survivre. Mais cette existence construit des individus autonomes, débrouillards, généreux et solidaires. Comme Stieg.

Severin, son grand-père, était, racontait-il, un communiste antinazi qui, pendant la Seconde Guerre mondiale, avait été détenu avec d'autres résistants dans un camp d'internement. Après la guerre, ces militants ont été mal acceptés par la société. Cet épisode de l'histoire suédoise, déjà passé sous silence à l'époque, est toujours méconnu aujourd'hui. En 1955, Severin a quitté Skelleftehamn et l'usine où il était ouvrier pour s'installer avec sa femme et le bébé Stieg dans cette maison en bois. Il réparait des vélos, des moteurs et faisait des petits boulots dans les fermes voisines pour subvenir aux besoins de sa petite famille. Stieg adorait l'accompagner à la pêche et à la chasse. Au début des *Hommes qui n'aimaient pas les femmes*, Mikael Blomkvist accepte la proposition de Henrik Vanger, l'oncle de Harriet Vanger, et s'installe dans la "maison des invités" non loin de Hedestad. C'est le plein hiver et il décrit les "roses de glace (…) formées sur les carreaux des fenêtres, côté intérieur". Les mêmes que celles que Stieg observait, fasciné, chez ses grands-parents et qui se formaient grâce à la vapeur émise par les respirations et les casseroles d'eau qui bouillaient en permanence sur la cuisinière. Il n'a jamais oublié cette vision magnifique, ni le froid qu'il pouvait décrire de l'intérieur. Il a connu une enfance rude mais heureuse, joyeuse, et pleine d'amour.

Sur des photos en noir et blanc, un petit garçon sourit entre deux adultes qui se sont amusés à se déguiser devant l'objectif. Ils lui ont donné la conviction que, dans la vie, rien n'était impossible. Ainsi que le plus grand mépris pour la course à l'argent. Son grand-père avait une vieille Ford Anglia dont il avait probablement réparé le moteur grâce à ses talents de mécanicien et de bricoleur, et qui n'est autre que celle, immatriculée AC pour Västerbotten, que Mikael recherche parce qu'il espère qu'elle va le mener à la piste de Harriet Vanger. Pour écrire *Millénium*, Stieg se servait de mille petits détails réels pris dans sa vie, dans la mienne et la nôtre.

En décembre 1962, Severin Boström, le grand-père de Stieg, meurt brusquement d'une crise cardiaque (à cinquante-six ans, comme sa fille, la mère de Stieg). La grand-mère est encore restée six mois avec Stieg puis, ne pouvant pas continuer à vivre avec un enfant dans cette maison isolée, elle est partie dans les environs de Skellefteå, dans le comté de Västerbotten ; jusqu'à sa mort en 1968, Stieg lui rendra visite chaque été.

Le monde heureux et insouciant de Stieg disparaît alors brutalement. A presque neuf ans, il rejoint à Umeå ses parents, Erland et Vivianne, qui se sont mariés en 1958, et son jeune frère Joakim, né en 1957. Il les connaît à peine. Stieg parlait beaucoup de ses grands-parents mais rarement de ses parents. Pourtant, d'après ce que m'ont raconté des amis très proches des grands-parents, Vivianne, sa maman, était allée le voir à plusieurs reprises dans sa petite enfance. A l'automne 1963, il entre à l'école élémentaire de la ville. Et sa vie change complètement. Ce milieu urbain lui est inconnu, voire hostile. Alors qu'il habitait dans une maison en pleine nature, allant et venant en toute liberté, dorénavant il vit enfermé dans un petit appartement en pleine ville. Le passage de la nature au bitume lui est douloureux. Ses parents travaillent toute la journée, ils sont souvent absents alors que ses grands-parents, eux, étaient toujours disponibles. Son rythme de vie devient plus strict, plus contraignant, avec des horaires réguliers.

A l'origine le prénom de Stieg s'écrit sans *e*, je ne sais pas vraiment quand il a ajouté cette lettre car je l'ai toujours vu ainsi. A Umeå, il y avait un deuxième Stig Larsson. La légende dit qu'on les confondait et qu'ils auraient tiré à pile ou face celui qui changerait son prénom. Ce que je sais, c'est qu'après un nombre important de lettres adressées par la bibliothèque à Stieg, pour lui réclamer des livres empruntés par l'autre Stig, il a pris la décision de se différencier. Je suis toujours amusée de voir certaines personnes raconter des anecdotes sur Stieg comme s'ils étaient là quand elles se sont passées ou s'il les leur avait confiées personnellement alors que je suis la seule à les connaître et qu'elles viennent d'interviews que j'ai données.

A l'âge de dix-sept ans, Stieg quitte les siens pour vivre dans un petit studio au sous-sol de l'immeuble dans lequel ils habitaient. En dehors du fait qu'il n'a pas été vraiment heureux, je ne sais pas ce qui s'est réellement passé pendant toutes ces années. Mais j'ai l'impression que c'est à partir de cette époque qu'il a cessé de faire attention à lui et qu'il a négligé sa santé. Comme si tout ça n'avait plus vraiment d'importance. Comme si lui-même n'avait plus d'importance, ni pour lui, ni pour les autres.

A part les trop rares moments où l'on naviguait, Stieg, à l'image de Mikael Blomkvist, pratiquait très peu de sport, mangeait n'importe quoi, fumait et buvait, comme je l'ai dit, trop de café. Ce qui, ajouté au stress, a sans doute contribué à sa mort prématurée.

Stieg n'est retourné qu'une fois dans la maison de son enfance depuis qu'on s'est rencontrés, en 1972. C'était à l'automne 1996.

Mon frère, ma sœur et moi possédons sept hectares dans le comté de Västerbotten où se trouvent Norsjö et Bjursele. Cette terre, couverte en partie par la forêt, appartient à ma famille depuis des générations. Dans les années 1990, Stieg et moi y sommes montés à deux reprises pour débroussailler la forêt dont nous avions la charge. La deuxième fois, en 1996, nous avons passé plusieurs jours difficiles, parmi les taons et les serpents, à travailler dur, mais on était contents d'échapper à nos bureaux et de faire des efforts physiques. Nos voisins à Önnesmark étaient curieux d'en savoir davantage sur l'enfance de Stieg et, quand nous avons terminé notre travail, nous sommes allés voir la petite maison de ses grands-parents.

Elle était fermée. Stieg a alors collé son visage à la fenêtre. Rien n'avait changé :

"C'est exactement comme à l'époque ! Regarde, je dormais là, avec grand-père. Il y a toujours la même cuisinière ! Je me souviens qu'elle était froide le matin et que l'on se gelait."

Il inspectait chaque mètre carré, chaque arbre, chaque pierre, chaque talus... Petit à petit, ses souvenirs remontaient. Il était ému et moi, bouleversée. Je ne l'avais jamais vu ainsi. Même sa voix était transformée. Elle était plus grave, plus chaude et il parlait tout doucement, presque en chuchotant. Grâce à nos questions, il enchaînait anecdote sur anecdote. Quand le moment de partir est arrivé, il n'arrêtait pas de répéter : "Encore un moment, encore un moment..." Il n'arrivait pas à s'arracher de l'endroit.

Comme il se faisait de plus en plus tard, il m'a alors regardée, suppliant :

"Eva, on ne pourrait pas acheter la maison ?

— Mais mon chéri, on est à mille kilomètres de Stockholm, c'est trop loin ! On ne pourra pas venir souvent. Sans argent ni temps à lui consacrer, elle va tomber en ruine."

Avec une mélancolie infinie, il a alors murmuré : "Mais... c'est tout ce que j'ai." Il semblait submergé par un immense chagrin d'enfant comme si, projeté plus de trente ans en arrière, on l'arrachait de nouveau à ses racines. On est restés très longtemps, silencieux, à réfléchir chacun de notre côté. Puis il a dit, résigné : "C'est impossible." Et on est partis, le cœur gros.

J'avais pris beaucoup de photos de cette petite maison. Plus tard, j'en ai fait un collage que j'ai encadré et que je lui ai offert. Il en a été tellement heureux qu'il l'a mis au-dessus de notre lit.

On a souvent parlé de ce voyage comme d'un moment magique. L'été 2004, après qu'il avait rendu les trois tomes de *Millénium*, on faisait beaucoup de projets pour l'avenir. On imaginait, entre autres, et j'en reparlerai plus loin, "notre petit chalet d'écriture", qu'on voulait faire construire dans une île. On le dessinait chacun de notre côté et on confrontait nos plans, assis côte à côte sur le canapé, en buvant une tasse de café. Je regardais souvent les photos de sa petite maison en bois et je voulais lui faire la surprise de reproduire l'entrée et les mêmes portes bleu et blanc.

NOS MAMANS

On m'a fait remarquer qu'à part la sœur de Mikael, il n'y a pas de mère classique dans *Millénium* – pas plus que de famille traditionnelle, d'ailleurs. La mère de Lisbeth Salander n'a pas su protéger sa fille quand elle était enfant. Elle est restée passive devant la violence de son mari, Zala, ouvrant ainsi la porte à une tragédie. Atteinte de lésions cérébrales par suite des coups qu'il lui portait, elle a fini ses jours dans une clinique où elle est morte relativement jeune. Quant aux femmes de la famille Vanger, elles sont, au pire, de mauvaises mères, comme Isabella Vanger, la mère de Harriet et de Martin, qui savait que son mari abusait de leur fils et que lui-même violait sa sœur, mais "ne s'en préoccupait pas". Au mieux, elles sont indifférentes, ou encore elles n'ont pas d'enfant, comme Erika Berger.

En y réfléchissant, ce n'est pas un hasard. Stieg et moi avons grandi sans mère puisque nous avons été élevés tous deux par nos grands-parents. La plus tendre et la plus attentive des grands-mères, comme les nôtres l'étaient, ne remplace pas une maman.

Autre conséquence de cette situation, avec cette génération plus âgée que nos parents, c'est un peu comme si nous avions grandi au XIXe siècle, dans une époque peu touchée par l'évolution des mœurs. On nous a transmis les valeurs morales d'autrefois, strictes, sévères, parfois lourdes. Chez nous, ce n'était pas l'argent et la réussite qui faisaient la réputation de quelqu'un, mais son honnêteté et le respect de la parole donnée. On ne transgressait pas ces règles.

Stieg et moi avions beaucoup de points communs. On se ressemblait dans nos façons de penser ou de réagir. Ce qui nous amusait, mais qui n'est pas étonnant puisque nous avions les mêmes racines.

J'ai vu le jour le 17 novembre 1953 à Lövånger, à cent kilomètres au nord d'Umeå. Je suis l'aînée de trois enfants nés avec un peu plus d'un an d'écart chacun. Mes parents se sont séparés quand j'avais sept ans et nous sommes restés dans la ferme familiale avec mon père et mes grands-parents paternels. Mon père n'avait pas voulu reprendre l'exploitation. Il avait arrêté ses études à l'âge de treize ans et, pourtant, il avait réussi à devenir journaliste dans un quotidien régional. Mes parents, mariés par amour, auraient pu vivre toute leur vie ensemble s'ils avaient habité la ville. Gudru, ma mère, était diplômée du lycée technique et, lorsqu'elle était célibataire, elle avait occupé un poste de secrétaire dans une usine de métallurgie. Ma grand-mère avait espéré un temps que sa belle-fille serait utile à la ferme mais elle la trouva vite inadaptée à la campagne. Pour elle, porter des tailleurs, des talons hauts et mettre du rouge à lèvres ne relevaient pas d'une vie de paysanne. Par ailleurs, grand-mère considérait que tout ça était inutile. Moi, je trouvais maman tellement jolie et vivante. Le divorce entre mes parents a été terrible, et leurs deux familles se sont séparées aussi dans la violence. Cas très rare à l'époque, mon père a obtenu notre garde. Il a fait valoir qu'il avait un travail, un logement, et que mes grands-parents nous garderaient. Je pense aussi que le fait que mon père appartienne au Parti libéral a beaucoup joué. Il connaissait des gens influents dans la région.

Ma mère est alors partie vivre seule à Stockholm où, après une formation, elle est devenue infirmière. En trente et un ans, je ne l'ai revue que six fois. Elle ne s'est jamais remariée et elle est morte d'un cancer en décembre 1992, pendant les fêtes de Noël. Mon père, lui, est mort en 1977. Si ma grand-mère paternelle, une femme gentille et intègre, estimait que mon père n'avait pas fait un bon choix en épousant ma mère, en revanche il ne lui serait jamais venu à l'idée de l'empêcher de nous revoir. Aussi, je ne comprends pas ce qui s'est passé dans la tête de maman. Je pense que c'était un être sensible et fragile psychologiquement. Elle a beaucoup souffert d'être séparée de ses enfants, mais la distance et le manque de moyens ne lui ont pas permis d'agir autrement. En la perdant, en 1961, nous avons aussi perdu définitivement toute notre famille maternelle.

Je me suis sentie alors complètement abandonnée, comme Stieg quand il a été séparé de ses grands-parents en 1962.

Dès le début, Stieg et ma grand-mère se sont beaucoup aimés et appréciés. Elle disait que c'était "un homme bien", et lui, qu'elle était "fabuleuse". Il faut dire que c'était une femme de caractère. Comme son propre père, un marin qui, après avoir parcouru pendant plus de vingt et un ans toutes les mers du monde, était devenu fermier pour épouser sa jeune fiancée dont il était très amoureux. Ma grand-mère avait une façon de dire : "Voilà, moi, ce que je pense" qui nous obligeait à réfléchir à deux fois avant de nous lancer dans quelque chose. Cette petite phrase sous-entendait : "Toi, fais ce que tu veux mais assume tes responsabilités."

Quand j'ai rencontré Stieg, Vivianne, sa maman, est devenue ma mère de substitution. Elle était aussi une forte femme. Et comme ma grand-mère, c'est elle qui menait sa famille. Je l'admirais beaucoup. Tout en gérant un magasin de prêt-à-porter, elle voulait changer la société et, à la stupéfaction des barons de la politique, elle avait été élue au conseil municipal sous les couleurs du Parti social-démocrate. "Il n'y a pas de secret, disait-elle amusée, avec tous les gens qui défilent dans la boutique, tout le monde a fini par me connaître !" Quand, plus tard, elle a été admise à la commission d'urbanisme communal, nous avons eu un domaine supplémentaire à partager, puisque je suis architecte.

Stieg ressemblait beaucoup à Vivianne, y compris par sa force d'engagement. Il lui était attaché, mais pas comme on l'est à une mère, plutôt comme à quelqu'un de très proche. Avec le reste de sa famille, il se comportait comme avec une famille d'accueil. Quand en 1977 nous nous sommes installés à Stockholm, nous n'avons pas souvent parcouru les mille kilomètres jusqu'à Umeå. Quelques fois, l'été, les parents de Stieg nous ont prêté leur maison de vacances, à Önnesmark, près de ma ville natale, qui, par le plus grand des hasards, avait été construite par le frère de mon grand-père paternel. Dans les années 1980, on a aussi passé quelques Noëls à Umeå avec les parents de Stieg, mais la plupart du temps nous fêtions Noël, Pâques et la Saint-Jean avec ma propre famille. Puis Vivianne a été atteinte d'un cancer du sein. En août 1991, au retour d'un traitement à l'hôpital, elle a eu une rupture d'anévrisme. Nous avons immédiatement sauté dans un avion pour venir à son chevet. Elle était inconsciente, mais nous sommes longtemps restés avec elle. Je lui tenais la main et lui parlais doucement de Stieg, de nos projets, de nos soucis... comme si tout était normal. Je sentais qu'elle m'entendait. Le lendemain, elle est morte. Elle nous avait attendus. Comme, six mois plus tard, ma mère dont le combat exceptionnel contre un cancer du poumon, après, elle aussi, un cancer du sein, a étonné tout le personnel de la clinique de soins palliatifs où elle était hospitalisée. Je la revois, assise sur le balcon, enveloppée dans une couverture, fumant et toussant. A partir du mois d'août 1992, mon frère et moi, nous nous sommes relayés auprès d'elle. Ma sœur, qui habitait Londres, ne pouvait pas venir avant Noël. Alors ma mère a résisté. Quand, fin décembre, elle a eu ses trois enfants autour d'elle, elle est morte. Ainsi, nos deux mamans ont décidé du moment où elles voulaient partir.

Pas Stieg. Lui, il a été attaqué par surprise.

Après avoir acheté notre appartement à Södermalm, en 1991, nous avons passé toutes les fêtes à Stockholm avec mon frère et ma sœur. Le père de Stieg, Erland, venait de temps en temps avec sa nouvelle compagne, Gun. On partageait alors, selon nos emplois du temps, un café ou un dîner en ville. Erland insistait beaucoup pour que Stieg vienne voir son frère, ne serait-ce qu'un petit moment lorsque nous allions dans le Nord nous occuper de la forêt autour de la petite cabane que je partageais avec ma sœur et mon frère. Mais la relation était quasi inexistante entre les deux frères. Ainsi, nous n'avons pas assisté au mariage de Joakim, ni à aucun des anniversaires de sa famille. Stieg éludait le sujet avec Erland en répondant qu'il n'avait pas beaucoup de temps. Je me souviens quand même de quelques cafés pris avec Joakim et les siens pour faire plaisir à Erland quand nous étions de passage à Umeå. Lui, manifestement, ne se le rappelle pas puisqu'il a parlé dans les médias de relation très proche avec Stieg. En trente ans, il n'est venu que deux fois chez nous, une fois à la fin des années 1970 et l'autre à la mort de Stieg. En revanche, nous avons toujours beaucoup vu mon frère et ma sœur, qui étaient notre vraie famille. Moi, parce que j'avais perdu parents et grands-parents et que je n'avais plus de liens avec la famille de ma mère. Stieg, parce qu'il ne se sentait pas proche de sa famille biologique.

RENCONTRE

A l'automne 1972, j'assistais avec ma sœur Britt à une réunion de soutien au Front national de libération du Viêtnam (FLN), dans les locaux de l'école Mimerskolan, à Umeå. C'était la première fois que je me rendais à une telle manifestation. Mon père votait pour le Parti libéral, mais son engagement n'allait pas plus loin. Moi, je me contentais d'avoir une certaine conscience politique, sans plus. Mais la guerre au Viêtnam me révoltait depuis que j'avais quatorze ans et, maintenant que le lycée était terminé, je considérais qu'il était temps que je m'investisse dans autre chose que les études et les diplômes.

A l'entrée de la pièce se dressait un grand type, mince et très brun, avec un regard chaleureux et un sourire joyeux. Il accueillait chacun des participants avec un "Bienvenue !" tonique. C'était Stieg. Il avait à peine dix-huit ans et moi presque dix-neuf. Il nous a posé beaucoup de questions, à Britt et à moi, et quand il a su que nous habitions Haga, un quartier d'Umeå, il nous a immédiatement recrutées pour ce groupe qu'il animait personnellement. Il m'a dit par la suite qu'il n'avait pas voulu laisser passer l'occasion !

Ainsi, j'ai commencé à militer avec lui. On collait des affiches, on faisait du porte-à-porte en sonnant chez les gens pour vendre des journaux ou récolter de l'argent et l'on discutait beaucoup. Comment une telle guerre impérialiste avait-elle pu avoir lieu ? Stieg était bavard, curieux de tout, généreux, moral... Un intello un peu nonchalant mais absolument irrésistible. Il me fascinait. Son discours n'avait rien de théorique. Il parlait avec ses tripes et, en même temps, il était très drôle. Faire de la politique avec lui n'était pas un devoir comme je le pensais, mais un véritable plaisir – ce qui était une situation assez rare dans notre milieu austère. Nos idées se rejoignaient souvent car ceux qui soutenaient le FLN étaient en général plutôt maoïstes, avec des discours assez autoritaires et irréalistes. Pas nous.

Je trouvais les idées de Stieg tellement intéressantes que je le poussais à les écrire. En Suède, même les petits journaux ont dans leurs pages "Culture" une place pour les articles d'opinion. Mon père, qui était donc journaliste, aurait pu l'aider, mais Stieg, qui manquait d'assurance, refusait systématiquement. A force d'insister, il a fini par se lancer. Quand il a vu son premier article publié, il était à ce point émerveillé que je pense que sa vocation journalistique est née ce jour-là. Il a alors passé le concours pour entrer dans une école de journalisme, mais il a été recalé. Ce qui, vu son jeune âge, était normal. Il aurait pu le tenter à nouveau, comme la plupart des étudiants, mais il a refusé. Il avait de nouveau perdu confiance en lui.

De mon côté, intriguée par la doctrine maoïste, j'assistais à des réunions et même à des cours d'introduction à cette pensée. C'était très à la mode à l'époque. Moi qui suis rationnelle, je cherchais des réponses à mes questions. Mais ce n'était pas là que j'allais en trouver. Les arguments des maoïstes étaient un peu légers, flous et même enfantins, comme si on allait marcher sur l'eau pour résoudre les problèmes économiques ! Les trotskistes sont alors apparus et, pendant un temps, ils ont fait cause commune avec les maoïstes, allant même jusqu'à partager le même compte bancaire pour récolter des fonds pour le Viêtnam. Je trouvais cette démarche formidable. Enfin, on luttait ensemble dans la même direction. Hélas, chaque révolutionnaire voulant faire sa propre révolution, les luttes internes pour le pouvoir n'ont pas tardé. Un jour, on nous a demandé de trouver de l'argent pour soutenir les Khmers rouges au Cambodge. J'ai simplement souhaité connaître leur politique puisqu'il fallait la soutenir. La réponse est tombée : "Pose pas de questions, obéis !" Stieg et moi avons alors abandonné cette collecte, et moi, j'ai quitté ce mouvement de solidarité avec le Viêtnam.

Je me suis alors tournée vers ceux qu'on appelait "les traîtres", les trotskistes. Je les trouvais plus démocratiques, avec leur système qui autorisait le multipartisme alors que les maoïstes, eux, fonctionnaient en dictature. Stieg a choisi de rester avec ces derniers. Au cours de l'année qui a suivi, pendant laquelle on ne vivait pas encore ensemble, nous n'avons pas cessé de nous disputer violemment sur la meilleure façon de faire le bonheur des peuples. C'était terrible. Et ça finissait souvent dans les larmes. Je le trouvais stupide, rêveur et absolument pas dans la réalité. A cette époque, je vivais dans une chambre d'étudiante. J'avais été acceptée à l'école polytechnique à Göteborg mais, comme je voulais rester avec Stieg à Umeå, je m'étais inscrite en fac de mathématiques et d'histoire économique. Lui, il habitait un petit studio. Quand on s'était rencontrés, il terminait un cycle d'études courtes qui permet d'entrer dans le monde du travail mais pas à l'université. Je l'ai peut-être influencé, en tout cas il est retourné au lycée pendant deux ans pour passer son bac. Obstiné comme il pouvait l'être, il a réussi, ce qui ne m'a pas étonnée.

Pour vivre, il faisait des petits boulots, apprenti serrurier, distributeur de journaux, forestier, plongeur dans un restaurant, etc. Malgré nos désaccords sur la marche du monde, on savait séparer notre vie amoureuse de nos engagements politiques et on s'est installés en communauté dans un grand appartement avec ma sœur et des copains.

Quelque temps plus tard, à son tour, il a rejoint les trotskistes. Plus ancienne que lui dans le mouvement, j'étais devenue responsable de la formation politique d'un groupe de jeunes dans le lycée où il avait préparé son bac. Les rôles s'étaient renversés. J'étais devenue le maître et lui, l'élève.

Le mouvement trotskiste a alors demandé aux étudiants de se prolétariser et de rejoindre le monde ouvrier. Une cellule s'est bientôt créée à l'usine Volvo. Mais mes copains ouvriers étaient catégoriques : “Nous, on n'a eu ni le choix, ni la possibilité de faire des études. Toi, oui. Continue, surtout !” Je partageais complètement leur point de vue. Nous étions la première génération à bénéficier de prêts d'Etat pour faire des études supérieures, et on allait tout gâcher ? En plus, moi qui ne venais pas d'un milieu bourgeois mais paysan, je savais très bien ce qu'était le prolétariat et je ne voyais aucun intérêt pour la société à le rejoindre systématiquement. Régulièrement des jeunes citadins arrivaient avec des colliers autour du cou et des vêtements qu'ils avaient eux-mêmes cousus, pour vivre en communauté et devenir paysans. Nous qui venions de là, on les regardait comme si on était au cinéma !

Dans mes cours, je partais de la vie des jeunes pour les pousser à réfléchir. Les dirigeants auraient voulu que je leur assène seulement la théorie. Nous étions en 1976. J'ai alors été virée du poste, remplacée par quelqu'un de plus “rouge”, et j'ai quitté les trotskistes. Pas Stieg. Il est resté dans cette organisation jusque tard dans les années 1980, mais plus pour la théorie que pour la pratique. Pour lui, c'était un moyen de continuer à avoir les échanges intellectuels et politiques qui le passionnaient. Il a aussi écrit gratuitement pendant longtemps et signé de son nom des articles dans *L'International*, la revue officielle du mouvement.

Dans *La Fille qui rêvait d'un bidon d'essence et d'une allumette*, Lisbeth Salander est soupçonnée des assassinats du journaliste Dag Svensson – dont le livre sur la traite des Blanches dans les pays de l'Europe de l'Est a été publié dans la revue *Millénium* – et de sa compagne Mia Bergman, une criminologue spécialisée dans le commerce du sexe. En écoutant pérorer à la télé Peter Teleborian, médecin-chef de la clinique pédopsychiatrique de Sankt Stefan, près d'Uppsala, où elle a été enfermée plus de deux ans, elle constate qu'aucun journal ne fait état de la pratique du médecin qui consistait à enfermer les patients agités et difficiles dans une pièce dite “dépourvue de stimuli”. Elle compare cette méthode à celle que les prisonniers politiques subissaient pendant les procès de Moscou dans les années 1930. Et elle explique qu'“exposer des prisonniers à une privation sensorielle était classé inhumain par la convention de Genève”. C'est une question que l'on connaissait bien, Stieg et moi. Pendant toutes ces années, on a beaucoup lu à ce sujet. Pour Staline, les opposants politiques étaient des traîtres. Il les faisait disparaître physiquement, et même sur les photos, dans les livres et dans toutes les références historiques afin d'aboutir à une révision totale de l'histoire. “Procès de Moscou” était devenu pour nous une expression courante.

Employer les mêmes mots, avoir les mêmes goûts, les mêmes envies… est assez caractéristique des couples qui se sont connus très jeunes et qui, finalement, ont grandi ensemble.

Pourtant, c'est difficile d'expliquer aujourd'hui à quel point Stieg et moi avons senti dès les premiers temps de notre rencontre que nous étions faits l'un pour l'autre. Plus de dix ans plus tard, il écrivait : "J'avais cessé d'y croire. Je n'imaginais pas rencontrer quelqu'un comme toi, qui me comprendrait." Quant à moi, j'ai su immédiatement que cet homme allait ordonner le puzzle de ma vie et qu'il ferait de moi quelqu'un de plus grand. Mais, en même temps, cette rencontre était stressante. Qui peut accepter tranquillement que sa vie et son "moi" soient totalement remis en question ? C'était un sentiment angoissant, comme l'idée que l'univers est infini. Parfois, on essayait de revenir en arrière et de prendre du recul. Mais notre attirance était trop forte. On avait peur, mais on était subjugués l'un par l'autre.

Pendant trente-deux ans, on a toujours eu quelque chose à se dire, à se raconter, à explorer, à partager, à lire, à chercher, à combattre, à construire… ensemble.

On s'est beaucoup amusés aussi. Il m'amusait beaucoup.

C'était un homme tendre, démonstratif. Un vrai nounours.

Avec Stieg, j'ai compris l'expression "avoir une âme sœur".

LE VOYAGE EN AFRIQUE

En février 1977, à vingt-deux ans, Stieg a réalisé l'un de ses rêves : partir en Afrique.

Pour financer son voyage, il a travaillé très dur pendant six mois à la scierie de Hörnefors. Dans quel but se rendait-il dans ce pays ? Il ne me l'a jamais expliqué en détail, et il a eu raison. Je savais seulement qu'il partait en mission pour la IVe Internationale, l'organisation communiste fondée en 1938 en France par Trotski, à la suite de l'exclusion et de la répression par Staline des opposants de la IIIe Internationale. La mission de Stieg était d'entrer en contact avec certains groupes impliqués dans la guerre civile qui ravageait l'Ethiopie. Il s'agissait probablement de leur faire passer de l'argent et (ou) des documents. C'était risqué. Stieg m'a raconté plus tard que, par un pur hasard, il s'est retrouvé à enseigner à des milices le maniement du mortier, qu'il avait appris pendant son service militaire. Ces armes auraient été fournies par l'URSS, cachées dans des collines de l'Erythrée et destinées à un peloton féminin. Son ambition était également d'écrire des articles sur ce continent qui le passionnait et où les événements se précipitaient. Mais, entre son départ en février et son retour en juillet, aucun journal n'a voulu de ses propositions de sujets. Il était sans doute jugé trop jeune et sans expérience. Pourtant, pendant la période de la guerre entre l'Ethiopie et l'Erythrée, aucun journaliste suédois ou autre n'était sur place. C'était trop dangereux.

Quand il est parti d'Umeå, il est d'abord passé par Stockholm pour prendre ses visas. Avant son départ, je l'y ai rejoint pour lui dire au revoir. Il est venu me chercher à la gare, fou de joie.

Les mois suivants, j'ai reçu ses lettres sur un rythme très irrégulier, et de provenances très différentes. Il s'y exprimait de manière extrêmement prudente, comme dans son journal de bord. Rien de ce qu'il m'a raconté plus tard n'y était inscrit, à tout moment il craignait d'être appréhendé. Il redoutait que des informations importantes ne tombent entre de mauvaises mains et ne provoquent des ennuis très graves, pour lui et pour les personnes qu'il rencontrait. Pendant ce voyage, il a attrapé la malaria et il est tombé très malade. Un jour, il a brusquement perdu la vue. Tout est devenu blanc autour de lui et il n'a réussi à rentrer à son hôtel qu'en faisant glisser sa main contre les murs. Une fois dans sa chambre, il s'est évanoui. Quand on l'a trouvé, on l'a transporté d'urgence à l'hôpital. Quelque temps plus tard, il m'a écrit. La lettre est arrivée un jour d'été et elle m'a bouleversée.

C'était horrible de lire que ses reins avaient lâché et que, lorsqu'il s'était réveillé avec, sur l'oreiller, le sang séché du malade précédent, il avait de nouveau perdu connaissance. J'ai appris en même temps qu'il avait failli mourir, qu'il avait réalisé combien j'étais importante pour lui, à quel point il m'aimait et qu'à son retour, il voulait vivre définitivement avec moi. Je savais que notre histoire était forte, mais il ne me l'avait jamais dit aussi sérieusement et en des termes si solennels. Tout au long de sa lettre, j'ai pleuré : de peur, de soulagement et de bonheur.

Il avait survécu et nous allions construire notre vie ensemble.

STOCKHOLM

A l'université d'Umeå, les cours que je suivais enrichissaient ma culture générale, mais pas au point de me donner envie de passer des examens et de poursuivre des études dans ces domaines. Il a donc bien fallu que je me décide à choisir une voie. Ce fut l'architecture. Cette discipline conjuguait tout ce qui me passionnait : techniques et créativité. En 1977, je suis entrée à l'Ecole technique royale à Stockholm dans la section architecture. Quelques mois plus tard, Stieg est arrivé. A l'époque, la pénurie de logements existait déjà. Nous logions dans une chambre que me prêtait Svante Branden, un ami psychiatre de Stieg qui était aussi son voisin à Umeå.

On retrouve Svante dans *La Reine dans le palais des courants d'air*, le troisième volume de *Millénium*. Il vient soutenir Lisbeth Salander en dénonçant la fausse analyse du Dr Peter Teleborian et l'internement arbitraire qu'il lui a fait subir. C'est une attitude que Svante aurait très bien pu avoir. Comme la totalité de nos amis, il était contre toute forme de violation des droits et de la liberté. Pour Stieg, en faire un des héros de *Millénium* était une manière de lui rendre hommage.

C'était compliqué d'habiter tout le temps chez Svante car il était interdit d'y vivre à deux. En ce temps-là, les jeunes pouvaient s'installer légalement, et à moindre prix, dans des immeubles promis à la destruction, mais sans confort, sans eau chaude et sans chauffage. On en a très peu profité car les conditions de vie étaient vraiment trop rudimentaires. Stieg s'est alors débrouillé pour trouver un autre logement dans une banlieue au sud de Stockholm. Ce n'est qu'en 1979 que j'ai obtenu un des minuscules deux-pièces de Rinkeby destinés aux étudiants pendant le temps de leurs études. Nous y sommes restés six ans. Ensuite, on aimait tellement le quartier qu'on s'est débrouillés pour y trouver un autre appartement. Au final, nous avons vécu douze années à Rinkeby. A l'époque, très peu de Suédois habitaient cette banlieue peuplée d'immigrés et où l'on compte, aujourd'hui, plus de soixante-dix nationalités différentes. C'était déjà un melting-pot et un brassage de cultures formidables, que l'on retrouve dans *Millénium* à travers les nombreux noms de famille étrangers. Mon diplôme d'architecture a porté sur la réhabilitation de ce quartier où la plupart des commerces se tenaient dans les caves. Je proposais de transformer le centre de Rinkeby en créant des espaces pour les magasins afin de favoriser la vie de quartier. C'était bien sûr difficile de trouver un appartement dans Stockholm, mais, surtout, on adorait vivre là. Notre café préféré était tenu par des Grecs, nos voisins de palier étaient finnois, ceux du dessous roms, ceux du rez-de-chaussée turcs… Chez les Roms, le mari séjournait souvent en prison. Et lorsqu'il était chez lui, il battait sa femme. Je me souviens qu'une fois, elle a réussi à s'échapper pour venir sonner chez nous. Stieg lui a offert un café, a nettoyé son visage plein de sang et a appelé la police. Le calme est revenu. C'est alors que la voisine finnoise a organisé une pétition pour la faire expulser de l'immeuble. J'ai appelé les services sociaux qui avaient un programme particulier pour les Roms, en expliquant que cette pauvre femme était coincée entre les coups et la menace d'expulsion. L'histoire s'est tassée. Un soir, en rentrant dans l'immeuble, nous avons été frappés par l'odeur de parfum qui flottait dans les escaliers. Quand nous sommes arrivés chez nous, au quatrième étage, la porte de la Finnoise était ouverte. Elle était avec la Rom, toutes deux pomponnées, prêtes à partir faire la fête. C'était aussi ça, Rinkeby ! En tout cas, je n'ai jamais eu peur de rentrer le soir à la maison, même quand Stieg a commencé à travailler sur l'extrême droite et qu'on était menacés.

Ce n'était pas la peine de voyager dans le monde, il nous était offert à la maison. D'ailleurs, quand nous avons déménagé en 1991 pour nous installer en ville, ce fut un véritable choc culturel de nous retrouver dans un univers relativement homogène sur le plan ethnique.

En dehors de la politique, Stieg et moi partagions depuis toujours une passion commune pour la science-fiction. Pour ma part, j'ai traduit en suédois *Le Maître du haut château* de Philip K. Dick, qui raconte ce que serait devenu le monde si les nazis avaient triomphé à la fin de la Seconde Guerre mondiale. Nos auteurs préférés étaient Robert Heinlein et Samuel R. Delany. Dès notre arrivée à Stockholm, nous avons adhéré à l'association SFSF (Skandinavisk förening för science fiction), un rassemblement sympathique et disparate de doux dingues, tous fous de SF. Cela nous correspondait bien. Pendant deux ans, on a été les rédacteurs en chef de *FANAC*, le journal de la SFSF, et, de temps en temps, on tenait la librairie spécialisée de l'association à Kungsholmen. Commercialement, c'était une très mauvaise affaire, mais ce n'est pas important car *fandom is a way of life* (être fan est un mode de vie). Les mondes alternatifs qui peuplent cette littérature fascinaient les rêveurs que nous étions. Surtout quand, avec Internet, ces mondes-là sont devenus réels. Par exemple, *Snow Crash*, de Neal Stephenson, publié en 1992, offre un bon modèle de la mouvance cyberpunk que l'on retrouve dans le monde cybernétique de la république des hackers dont Lisbeth Salander est l'un des principaux citoyens.

Dans la science-fiction, les cyborgs, moitié machines, moitié humains, peuvent se brancher directement sur des ordinateurs afin d'entrer en osmose avec le cybermonde. Lisbeth Salander, elle, se branche sur Internet. Ses facultés extraordinaires ne sont pas très éloignées de celles d'un cyborg. *Millénium* aurait pu être aussi un bon livre de SF.

A cette époque Stieg avait un travail à la poste, et moi ma bourse d'Etat. Nos deux revenus réunis nous permettaient de vivre mais sans plus, surtout que Stieg, contrairement à moi, était très dépensier. Toute sa vie, par exemple, même dans nos périodes de dèche, il a pris son petit-déjeuner au café, alors que ça coûtait très cher. J'avais beau régulièrement le lui démontrer, c'était comme ça, il ne voulait pas changer d'habitude. Je venais d'une famille de paysans où, si l'on possédait une ferme et des terres, on n'avait aucun argent disponible. Les parents de Stieg ne possédaient rien, louaient leur appartement mais, finalement, leurs meubles étaient plus coûteux que dans ma famille. Comme ils travaillaient dans un magasin de vêtements, il y en avait beaucoup chez eux et Vivianne, la maman de Stieg, m'en offrait régulièrement.

Quelques mois après notre arrivée à Stockholm, mon père est mort. Il avait à peine quarante-six ans, il était alcoolique et faisait de mauvais mélanges avec des médicaments.

Deux ans auparavant, il avait tellement accumulé de dettes que, à l'exception de notre ferme familiale, tout avait été vendu aux enchères. On avait également pu sauver cette petite cabane et sa forêt, à Önnesmark, à cent kilomètres d'Umeå, que nous allions parfois entretenir avec Stieg, mon frère et ma sœur. En faisant l'inventaire, l'huissier avait jeté son dévolu dessus, mais mon père – ou Vivianne, la mère de Stieg – avait trouvé une astuce. Stieg et moi formions un couple stable et nos familles, qui se connaissaient, ont œuvré ensemble. Mon père a signé un bail de location à vie aux parents de Stieg et, à partir de là, la cabane et la forêt n'étaient plus vendables. Erland et Vivianne y ont été très heureux. Ils avaient planté des fraises et des pommes de terre, et y passaient tous leurs étés. Après la vente aux enchères, les dettes de mon père ont été épongées et il restait même un peu d'argent. Quand il est mort, on a découvert qu'il avait à nouveau tout dépensé et accumulé de nouvelles dettes. Il a fallu alors vendre la ferme et ses meubles. A cette époque, ma sœur, mon frère et moi étions encore étudiants et nous avions laissé toutes nos affaires dans cette maison. Tout a disparu, nos livres, nos carnets scolaires, nos photos... Tout. Deux cents ans de souvenirs familiaux. Ma grand-mère a eu un immense chagrin en perdant son fils unique. Pour le reste, elle a réagi, une fois de plus, avec une très grande dignité. Assumant son destin, elle a vécu quinze ans dans la maison de retraite du village sans jamais se plaindre.

Stieg a été très secoué par ces événements. Mon père l'aimait beaucoup. Il était la seule personne avec laquelle il pouvait parler de journalisme. Pour ma part, j'étais complètement effondrée. Stieg a tissé un cocon protecteur autour de moi. Il m'a tellement soutenue que je peux dire qu'il m'a littéralement portée au cours de cette période.

L'AGENCE TT

En 1979, Stieg quitte la poste et rejoint TT (Tidningarnas Telegrambyrå), la grande agence de presse suédoise, l'équivalent de l'AFP en France. Il y est resté vingt ans. Il a commencé à travailler à la rédaction, prenant par téléphone des informations et les articles des reporters de tous les services. Il les corrigeait avant qu'ils ne partent aux différents journaux. Un job de secrétaire de rédaction, en quelque sorte. Ensuite, il est devenu illustrateur au département TT Bild & Feature (Images et reportages), où il a pu aussi écrire sur les nombreux sujets qui l'intéressaient : de Darwin à Robin des Bois en passant par la Seconde Guerre mondiale. Sans oublier les polars, qui étaient aussi l'une de ses spécialités. En particulier ceux écrits par des femmes, dont il trouvait le style bien meilleur que celui de la majorité des hommes. Comme la plupart des autodidactes, il avait une culture phénoménale autant qu'éclectique. Nous avons toujours eu chez nous des livres partout et sur tous les thèmes : science-fiction, politique, espionnage, contre-espionnage, stratégie militaire, féminisme, informatique, etc. Pour les payer moins cher, on les achetait en version originale, la plupart du temps en anglais. Stieg était perçu par la plupart de ses collègues comme quelqu'un de gentil et d'intelligent, mais de difficile à cerner, d'autant qu'il était très pudique. Vers le milieu des années 1980, quand les militants d'extrême droite se sont mis à tuer des gens pour des motifs racistes ou politiques, à braquer des banques pour financer leur mouvement et à piller des réserves militaires pour s'armer, il est devenu de plus en plus fréquent qu'à l'intérieur de l'agence le service "Justice et faits divers" le consulte. Le plus souvent, il connaissait les antécédents politiques des suspects, leurs complices et le milieu qu'ils fréquentaient ! A travers un faisceau d'informations multiples et contradictoires, Stieg décryptait rapidement ce qui se passait réellement. Par exemple, en 1999, lors de l'attentat à la bombe à Oklahoma City, au cours duquel cent soixante-huit personnes ont trouvé la mort et six cent quatre-vingts ont été blessées, il a compris dès le début – et contrairement à l'ensemble des médias – qu'on était devant une milice américaine inspirée par le livre d'extrême droite *Turner Diaries* de William Pierce.

A partir des années 1990, TT s'est placé en haut de la liste des médias les mieux informés sur ces questions. L'expert numéro un en ce domaine était au sein même de TT et pourtant, malgré le soutien des autres journalistes, Stieg n'a jamais obtenu un poste fixe. Raison invoquée : "Stieg Larsson ne sait pas écrire." Qu'en pensent les millions de lecteurs de *Millénium* ?

Au milieu des années 1990, les médias ont traversé une crise économique sévère. Les annonceurs se faisant rares et les pages de publicité diminuant, de nombreux journalistes ont été licenciés et des journaux ont mis la clé sous la porte. Dans cette tempête qui secouait la presse écrite, TT n'a pas tardé à être à son tour concerné. Pourtant, la petite unité de TT Bild & Feature fonctionnait bien et continuait à vendre reportages et photos. Contre toute attente, elle faisait même des bénéfices. Pourtant, afin de rationaliser l'agence, il a été décidé de fermer ce service. Un plan de licenciements a commencé, concernant l'ensemble de l'agence. A ce moment-là, l'opportunité de faire passer Stieg au desk "Justice et faits divers" s'est présentée. Une fois encore, il venait juste de prouver qu'il y avait légitimement sa place. A la suite d'un braquage de banque en 1999, deux policiers avaient été exécutés à Malexander, un village à cent soixante kilomètres de Stockholm. Les conditions hors normes de ces assassinats ont interpellé Stieg qui a fait le lien entre ces crimes et l'extrême droite. Ce qui s'est vérifié. Mais le responsable des licenciements a refusé son transfert avec toujours le même argument : Stieg Larsson ne sait pas écrire ! Nous avons alors beaucoup discuté tous les deux. Je pensais qu'il était temps qu'il se consacre à sa passion du journalisme et de l'investigation à d'autres moments que le soir, la nuit et le week-end. On n'avait pas un centime de côté et juste les moyens de payer nos factures de la vie courante. Je ne me souviens pas d'avoir acheté un seul vêtement en dehors des soldes ni d'avoir fait des courses dans un magasin autre que discount. Pourtant, même si c'était risqué sur le plan financier, c'était le moment de se lancer.

Finalement, comprenant qu'il ne progresserait jamais à TT, Stieg a choisi d'accepter les indemnités de départ et de se faire licencier en 1999.

Ainsi, il a mis fin volontairement à vingt ans de collaboration avec TT et n'y est jamais retourné. Plus tard, quand il devait rencontrer des journalistes de l'agence, c'est dans un café qu'il le faisait.

Stieg n'a jamais pardonné ce que lui et d'autres journalistes compétents avaient subi à l'occasion du démantèlement parfaitement irrationnel de la plus grande agence de presse suédoise.

A partir de là, il s'est entièrement consacré à *Expo*, journal et fondation dont il avait été à l'origine en 1995.

EXPO

Marqué par son enfance aux côtés d'un grand-père engagé, Stieg a voulu collaborer au mensuel britannique antifasciste *Searchlight*, qui correspondait à ses idées. En 1982, il décide d'aller à Londres pour rencontrer Graeme Atkinson, son responsable. Le rendez-vous est fixé dans un café mais, comme aucun des deux, par souci de sécurité, ne faisait spontanément confiance à l'autre, ils ont commencé par se soumettre mutuellement à un véritable interrogatoire sur le fascisme. Heureusement qu'ils partageaient le même sens de l'humour ! L'année suivante, Stieg a commencé à écrire dans la revue sous un pseudo, comme tous les autres contributeurs. Sinon, il a toujours signé sous son nom tous ses articles, rapports et livres comme, par exemple, la partie sur la Scandinavie dans l'ouvrage du politologue français Jean-Yves Camus, *Les Extrémismes en Europe*.

Après la mort de Stieg et devant le succès de *Millénium*, un éditeur anglais a essayé de regrouper tous ses articles parus dans *Searchlight*. Il est même venu me voir à Stockholm pour me demander de faire pression sur la revue qui mettait son veto. Comme il insistait, je lui ai montré la lettre du magazine britannique qui disait en substance qu'il ne céderait pas une virgule de ces articles à "l'industrie Stieg". J'ai vraiment été impressionnée par le respect de *Searchlight* envers son collaborateur pendant plus de vingt ans.

A la suite d'une vague de violence raciste dans les années 1980, le début des années 1990 a été marqué par une forte progression de l'extrême droite suédoise. Il nous a alors semblé urgent d'avoir en Suède une revue comme *Searchlight*. Mais notre culture étant très différente de celle des Anglais, nous ne voulions pas d'une copie. Avec un groupe de gens concernés, nous avons débattu du contenu pendant plus de deux ans. Les discussions interminables et théoriques n'aboutissaient pas.

En 1995, l'association Stop au racisme, fondée en 1985 et inspirée de SOS Racisme, de son slogan "Touche pas à mon pote" et de son logo avec la petite main jaune, décide d'enrichir son journal d'un supplément qui comporterait des analyses sur des groupes racistes et d'extrême droite. Tout s'accélère alors. Brusquement, il y avait du monde avec nous, des subventions et un concept. Manquait un nom. Ce fut *Expo*. Au bout de trois numéros, la rédaction, regrettant que le journal soit lié à une association, décide de devenir autonome. Stieg et moi trouvions vraiment bien que des jeunes nous rejoignent, et on a essayé d'être pour eux le plus légers possible. Ils travaillaient dans un sous-sol situé dans la rue où habitera un temps Lisbeth Salander et qui rappelle la cave exiguë et défraîchie de *Millénium* à ses débuts, ou encore dans un appartement au-dessus du Kaffebar (bar-café de Hornsgatan), où Mikael Blomkvist donne souvent ses rendez-vous. Ils se déplaçaient constamment pour échapper aux nazis qui les harcelaient. Il faut dire que l'entrée officielle d'*Expo* dans le monde des médias s'est heurtée à une véritable opposition. Dès le mois d'avril, un petit groupe d'extrémistes a commencé à menacer les fédérations politiques qui, *via* leur section "Jeunes", soutenaient *Expo* et a vandalisé leurs locaux. Des librairies, comme la grande maison de la presse rue d'Odengatan, ont vu leurs vitrines brisées et l'imprimerie fut taguée avec des croix gammées et cette injonction : "N'imprimez pas *Expo*." L'ensemble des fédérations a résisté. En revanche, l'imprimerie a jeté l'éponge. Un véritable coup de théâtre s'est alors produit en juin 1996. Deux journaux du soir, *Aftonbladet* et *Expressen*, ont décidé que, sans aucun esprit de concurrence, ils imprimeraient le numéro d'*Expo* en cours et le distribueraient en supplément de leurs titres respectifs. Les deux rédacteurs en chef, Torbjörn Larsson et Christina Jutterström, ont fait une déclaration commune pour dire qu'ils entendaient défendre ainsi la liberté d'expression. Stieg était fou de joie. Grâce à cette solide intervention, *Expo* a réussi à paraître jusqu'en 1997. Mais les abonnements et les dons couvraient à peine l'impression et le loyer. Quand la crise économique a commencé à se faire sentir, *Expo* s'est mis à tanguer. Pour tenter de le sauver, le Conseil national de la culture a été sollicité, mais la somme octroyée fut tellement minime que la rédaction, épuisée, a déclaré forfait. Il faut dire que nous travaillions tous à nos moments libres, à savoir le soir, la nuit et le week-end. *Expo* cessa alors son activité, continuant à paraître seulement sous forme de supplément dans diverses publications comme, en 1998, *Monitor*, une revue norvégienne antiraciste, et, plus tard, le journal de Kurdo Baksi, *Svartvitt*. Ces actions ont réussi à maintenir *Expo* sous assistance respiratoire. Il allait encore falloir attendre cinq ans pour qu'il reparaisse régulièrement et d'une manière autonome.

Les années 1990 ont été pour Stieg et moi une période terrible, pendant laquelle il a travaillé comme un fou. Entre TT, *Searchlight*, *Expo* et les livres qu'il écrivait ou auxquels il collaborait, il n'y avait plus vraiment de place pour moi. Je me sentais très seule, surtout quand, après le krach foncier en 1993, j'ai perdu mon emploi d'architecte déléguée dans une grande entreprise de construction, où j'étais très heureuse et dont les projets étaient passionnants, comme les immeubles de l'architecte Ricardo Bofill. Nous n'avions pas les mêmes horaires, et parfois on était obligés de prendre rendez-vous pour se voir un peu ! C'est entre TT et *Expo*, au café Anna, qui est bien sûr dans *Millénium*, que l'on se retrouvait pour boire un *caffè latte*.

J'ai quitté Stieg à deux reprises pendant ces années-là, même si ce n'était que pour quelques semaines. La première fois, je suis allée habiter dans un appartement prêté par un copain et la seconde, chez mon amie Eleanor. Chaque fois, Stieg était désespéré. Aujourd'hui encore, je m'en veux de lui avoir imposé cette douleur, à lui qui, enfant, avait souffert d'un sentiment d'abandon profond après la mort de son grand-père. J'aurais dû trouver un autre moyen pour lui faire comprendre que j'avais besoin de lui. Surtout que ces ruptures ne changeaient notre vie, malgré ses efforts, que pendant quelques mois. Rapidement, il était à nouveau submergé. L'année 1999 fut celle de tous les dangers et de tous les changements. Stieg a quitté TT dans les conditions que l'on sait et les violences de l'extrême droite se sont multipliées. Dans les trois tomes de *Millénium*, Stieg, une fois de plus, rend hommage à un héros ordinaire à travers l'entreprise Hallvigs Reklam AB à Morgongäva, qui n'est autre que la courageuse imprimerie qui a pris la suite de celle qui avait cessé d'imprimer *Expo* après avoir reçu de sérieuses menaces. Son propriétaire, Jan Köbin, impressionnait Stieg car il n'hésitait pas à prendre sa propre voiture pour livrer le journal en temps et en heure jusqu'au dernier exemplaire. J'ai été heureuse de voir que cet homme a été nommé "entrepreneur de l'année" en 2007. Dans le premier tome, Mikael Blomkvist lui confie l'impression de son livre sur l'affaire Wennerström et du numéro du journal qui va révéler le scandale. Dans le deuxième, il décide à nouveau de faire confiance à celui qui proposait "un prix et un service incomparables dans la branche", et il lui donne le bouquin de Dag sur les réseaux de proxénétisme dans les pays de l'Europe de l'Est. Et dans le tome III, c'est encore lui qui imprime le livre qui dévoile la section secrète des espions dans la guerre froide.

Expo continuait à exister tant bien que mal grâce à ce que l'on retrouve aussi dans la revue *Millénium* : un enthousiasme de gens très différents pour un projet commun fortement engagé. Dans un passage de *La Fille qui rêvait d'un bidon d'essence...*, Erika Berger prépare un café dans la kitchenette du journal et Stieg écrit qu'elle sourit devant le nombre de mugs dépareillés portant tous des logos de différents partis politiques. C'est un clin d'œil affectueux à *Expo* où les tasses étaient aussi disparates que les opinions des journalistes. Ils pouvaient être sympathisants de n'importe quel parti, mais ils ne pouvaient pas en être militants. Cette règle stricte était la garantie de l'indépendance du journal qui, ainsi, ne pouvait pas être l'enjeu de rivalités politiques.

Après des années de dépendance à d'autres magazines, *Expo* a refait officiellement surface en 2003 grâce à des subventions obtenues pour intervenir dans les écoles sur les questions de la démocratie et pour produire des rapports RAXEN* pour l'EUMC

* Racism and Xenophobia European Network, en français Réseau d'information européen sur le racisme et la xénophobie, qui dépend de l'Union européenne.

(European Union Monitory Centre) sur les crimes racistes et la discrimination raciale dans différents secteurs comme, par exemple, l'emploi et le logement.

Ainsi, deux salaires ont pu être dégagés, dont celui de Stieg. L'équipe était nouvelle, toujours aussi jeune mais plus professionnelle, la plupart ayant déjà une expérience journalistique. Moi, je ne m'occupais que des rapports que je traduisais en anglais, vérifiais ou complétais.

C'était une activité austère, parallèle à celle de la rédaction, mais nécessaire puisque c'était celle-là qui faisait rentrer l'argent. Je me souviens du réveillon 2002, où nous avons travaillé toute la nuit sur un rapport qui devait être rendu impérativement le 1er janvier. Plusieurs journalistes sont partis dans la soirée pour faire la fête et nous, "les vieux", sommes restés pour tenir les délais.

Durant toutes ces années d'engagement contre l'extrême droite, Stieg écrivait sans cesse pour mettre en garde contre les partis politiques nationalistes comme Sverigedemokraterna (Démocrates suédois). Il s'efforçait de montrer qu'il ne s'agissait pas simplement d'une bande de fous qui, selon une sorte de théorie du complot, essayait d'infiltrer la société suédoise, mais qu'ils étaient un véritable mouvement politique qu'il fallait combattre politiquement. Avec ce qui se passe en Suède aujourd'hui, l'entrée des Démocrates suédois au Parlement, force est de constater que le cauchemar de Stieg est devenu réalité…

MENACES

En devenant correspondant de *Searchlight*, Stieg était aussi devenu la bête noire des extrémistes. Au printemps 1991, il a publié *Extremhögern (L'Extrême Droite)* avec Anna-Lena Lodenius. Le livre recensait les groupes et les partis de ce courant, faisait un retour sur ses racines, ses partenaires actuels en Europe, en Scandinavie et aux Etats-Unis, et leur utilisation de la violence. C'était le premier travail exhaustif sur la question. L'une des organisations mentionnées dans le livre, VAM (Défense blanche aryenne), publiait une revue, *Storm*, qui distillait une violence raciale nimbée d'un certain romantisme. Sept de ses membres cumulaient ensemble plus de vingt condamnations, notamment pour effraction dans des réserves d'armes militaires, braquage et homicide. L'année suivante, quand nous avons appris que *Storm* possédait notre adresse et celle d'Anna-Lena, nous avons été inquiets. Il pouvait être très dangereux de figurer sur les listes des nazis. Alors que nous cherchions un moyen de réagir et de nous défendre, le compagnon de ma sœur à l'époque nous dit : "Vous faites partie de la famille. Je vais aller voir mon oncle, un Italien qui a des relations, il va vous trouver une solution radicale." Sur le coup, la proposition nous a enchantés, surtout avec cette notion de famille élargie. Puis on a réfléchi. On savait bien qu'il ne serait pas question d'argent et que nous devrions un jour nous acquitter d'une dette d'honneur. Quelle forme prendrait-elle ? En plus, trouver les vrais coupables était le travail de la police. Nous avons donc décliné l'invitation en expliquant que nous préférions un procès en bonne et due forme. Mais je dois dire que j'ai pas mal hésité. En 1993, *Storm* publia les photos de Stieg et d'Anna-Lena, avec leur numéro de sécurité sociale, de téléphone, leur adresse personnelle, celle de leur lieu de travail… Concernant Stieg, le texte concluait ainsi : "N'oubliez jamais ses mots, son visage et son adresse… Faut-il le laisser continuer son travail ou s'occuper de lui ?"

A cette époque, n'importe qui pouvait obtenir les photos de n'importe quel citoyen suédois en passant par le service de police responsable des passeports. Dans *Les Hommes qui n'aimaient pas les femmes*, Lisbeth Salander explique très bien la simplicité de la marche à suivre et elle ajoute : "Si la personne figurait dans une base de données, ce qui était inconditionnellement le cas de tout le monde, l'objectif se retrouvait très vite dans sa toile d'araignée." Dans le tome suivant, *La Fille qui rêvait d'un bidon d'essence…*, elle hésite même à changer d'appartement car cela l'obligerait à changer aussi d'adresse et donc "à être une personne concrètement présente dans toutes sortes de fichiers". Stieg connaissait parfaitement les méthodes utilisées par des journalistes, des hommes à la recherche de leur femme qui les avait quittés pour violence conjugale, des détectives ou encore justement des extrémistes ou des groupes criminels. *Storm*, à cause de ces menaces, a été poursuivi par la justice et condamné. Mais cela a pris du temps. Dans les années 1990, plus d'une douzaine de personnes ont été assassinées pour des motifs politiques par des individus ayant un lien avec des groupes nazis. Pour la seule année 1998, la Säpo* a estimé à plus de 2 000 le nombre d'agressions à caractère raciste, dont la moitié peut être reliée directement à des groupes du White Power, des militants néonazis. Sur la porte de notre appartement, il y avait juste mon nom et, alors que le téléphone était uniquement enregistré sous celui-ci, ils avaient réussi à obtenir le numéro puisqu'on recevait des appels anonymes. On avait déjà un digicode et une alarme. J'ai fait installer une nouvelle porte blindée. Quand, dans le tome II, Mikael Blomkvist veut entrer dans le nouvel appartement de Lisbeth Salander au 9, Fiskargatan à Mosebacke, il fixe avec perplexité l'écran d'affichage de l'alarme à côté de la porte. Il savait que, s'il ne pianotait pas le bon code de quatre chiffres dans les trente secondes, l'alarme se déclencherait et une bande de malabars appartenant à une société de surveillance débarqueraient rapidement... On a tous les deux vécu cette expérience de nombreuses fois quand, éreintés après le travail, on se retrouvait devant notre porte d'entrée, impuissants à faire cesser "je hurle", comme on appelait l'alarme entre nous.

Il est arrivé que Stieg reçoive des balles par la poste ou, une fois, qu'il soit attendu à la sortie de TT. Prévenu à temps, il a alors emprunté une porte à l'arrière des bureaux. Notre répondeur téléphonique était branché en permanence afin d'enregistrer les menaces que l'on recevait. Elles étaient toujours du même acabit : "Espèce de pourri, tu baises avec les juifs... Traître, on aura ta peau... on sait où t'habites..."

Les nazis suédois avaient leur réseau d'information : l'"Anti-AFA" (Anti-Anti-Fascist-Action). En 1994,

* La Säpo ou Säkerhetspolisen ("police de sécurité") est le service de Sureté suédois et dépend du Conseil national de la police suédoise.

à la suite de la plainte déposée contre *Storm*, la police a saisi une liste de noms de plus de deux cents militants antiracistes. Quelques années plus tard, les extrémistes se sont concentrés sur Peter Karlsson et Katarina Larsson, deux journalistes du quotidien du soir *Aftonbladet* et anciens collaborateurs d'*Expo*, qui enquêtaient, entre autres, sur l'industrie florissante de la musique White Power, qui finance des groupes extrémistes dans le monde entier. Leur travail a d'ailleurs contribué à la faillite de la maison de disques Nordland. Leur identité était cachée dans les registres publics, et pourtant leurs véritables noms et adresses, ainsi que des informations très précises les concernant, ont été diffusés sur Internet en mars 1999. Quelque temps plus tard, leur journal, s'appuyant sur leur enquête, dévoilait le nom des nazis qui avaient appris à manipuler des armes et des explosifs pendant leur service militaire. Trois mois après, le 28 juin, Peter Karlsson et son fils âgé de huit ans étaient victimes d'un attentat à la voiture piégée. Le petit garçon, qui ouvrait la portière, a été projeté et n'a été que légèrement blessé. Son père, en revanche, est encore aujourd'hui lourdement handicapé du dos.

Le 16 septembre, le syndicaliste Björn Söderberg révélait qu'un nazi avait été élu par la direction syndicale de son lieu de travail. Le même jour et jusqu'à la fin du mois de septembre, les photos de plus de vingt-cinq antinazis, dont celle de Björn Söderberg, furent commandées au service responsable des registres publics par la revue nazie *Info 14*. Le 12 octobre, Björn Söderberg était abattu de plusieurs balles à son domicile dans le quartier sud de Stockholm. Plus tard, la police trouverait chez un homme impliqué dans l'assassinat du syndicaliste une liste de mille personnes !

Ces événements résonnent dans les menaces que reçoit la revue *Millénium*. Ainsi que dans les failles du système de protection des citoyens menacés, qui aboutissent aux meurtres de Dag Svensson et de Mia Bergman dans *La Fille qui rêvait d'un bidon d'essence et d'une allumette.* D'ailleurs tout ce qui, dans ce domaine, est raconté dans *Millénium* est arrivé un jour ou l'autre à un Suédois, journaliste, politique, procureur, syndicaliste ou policier. Rien n'est inventé.

La chasse aux coupables fut brève. Le 14 octobre 1999, ils étaient arrêtés. Juste après, un après-midi, Stieg m'appelle pour me dire que Peter Karlsson venait de le prévenir que les photographies de nos passeports avaient été récupérées en même temps que celle de Söderberg et que tous les suspects n'étaient pas sous les verrous. Il a terminé en disant : "Tu ne dois pas rentrer à la maison." Le 29 novembre, jour de l'arrestation du dernier suspect du groupe, mon amie Eleanor a soupiré : "Enfin on va pouvoir aller se taper la cloche tranquillement au restau !"

Pendant toute cette période, Stieg a toujours été très inquiet pour moi, et moi pour lui. D'habitude, quand on était dans un café, je me mettais toujours entre la porte et lui, comme une barrière de protection. Là, on ne se montrait plus ensemble en public. Mes collègues de travail ne connaissaient pas le nom de l'homme avec lequel je vivais. Je restais évasive en parlant d'"un journaliste". Je ne les invitais jamais chez moi, toujours à l'extérieur. Quant à Stieg, sans me le dire, il avait installé un système de protection autour de moi. Ainsi, si la police recevait un appel concernant un incident dans notre rue, elle avait la consigne d'y envoyer tous les véhicules disponibles. Je l'ai compris le jour où, après un petit accident de la circulation, j'ai entendu arriver tellement de voitures avec gyrophare que je suis sortie sur mon balcon en pensant : "Eh bien, ils n'ont vraiment rien d'autre à faire !"

Il n'y avait rien de courageux dans cette façon de vivre. C'était la nôtre. On l'avait choisie ensemble. Mais, sans aucun doute, elle a influencé nos existences. Entre autres, le fait que l'on ne se soit pas mariés ou que l'on n'ait pas eu d'enfants.

Il était en effet beaucoup plus prudent que Stieg reste fiché dans tous les documents officiels comme "célibataire". Certes, comme je l'ai expliqué, son adresse était relativement facile à trouver mais comme, ensuite, il n'y avait pas son nom sur la porte et que c'est le mien qui figurait sur toutes les factures, le localiser devenait assez difficile.

En 1983, nous avions voulu nous marier. Nous avions acheté des alliances dans un magasin de la rue Regeringsgatan et fait graver "Stieg et Eva" dessus. Nous avions pris rendez-vous avec le prêtre de la paroisse de Spånga, au nord-ouest de Stockholm, pour savoir combien de temps prendraient les formalités nécessaires. Il nous a expliqué que ce n'était pas aussi rapide ni aussi simple que nous le pensions. Une fois de plus, la vie professionnelle a contrarié notre vie privée et aucun de nous n'a pris le temps de constituer le dossier administratif. Les Etats-Unis ont alors envahi ce qu'on appelait "notre île", la Grenade. Et nous avons abattu un travail énorme pour mettre au clair ce qui s'était vraiment passé. Ainsi, se marier n'était plus la priorité du moment. En plus, Stieg venait de commencer son travail chez *Searchlight* et il devenait trop "intéressant" pour l'extrême droite pour prendre des risques. Cependant Stieg a porté longtemps l'alliance que l'on voit sur beaucoup de mes photos. Mais quand il a grossi, dans les années 1990, il a été obligé de la retirer. Quant à moi, je ne l'ai jamais enlevée et, aujourd'hui, j'ai aussi glissé celle de Stieg à mon doigt.

Le père de Stieg, Erland, nous a incités plusieurs fois à nous marier, notamment quand, à la fin des années 1980, il a été question de supprimer la réversion des pensions en cas de décès de l'un des conjoints si le mariage n'avait pas été célébré avant une certaine date. Mais, comme beaucoup de couples de notre génération, nous ne l'avons pas fait. Surtout que, pour nous, se posait ce problème de sécurité.

Je pense aussi que nos enfances respectives ne nous ont pas conditionnés à fonder une famille. Quand j'étais enfant, je pensais avoir été abandonnée par ma mère. Bien sûr, la réalité est plus complexe que ça, mais cet événement a sans doute joué dans le fait que j'ai eu peur d'avoir un enfant. Nous y avons pensé, bien sûr, mais, sans aucune ironie, je dirais qu'il y avait toujours quelque chose de plus urgent à faire. On voulait avoir une situation économique plus stable, plus sûre, construire quelque chose de plus solide avant de se lancer… Et le temps a passé.

Quelques mois avant sa mort, Stieg a reparlé de mariage. Surtout que nous avions déjà les alliances ! Avec *Millénium* qui allait paraître, on savait que notre situation financière allait s'améliorer, et que son profil "à risque" allait s'atténuer puisqu'il avait décidé de ne plus travailler qu'à mi-temps à *Expo*.

Cette fois, c'est la mort qui a pris le dessus sur notre vie privée.

MILLÉNIUM

Stieg ne s'est pas assis un jour devant son ordinateur en déclarant : "Je vais écrire un polar !" En fait, on pourrait même dire qu'il n'a jamais vraiment commencé puisqu'il n'a jamais fait de plan pour le premier volume, ni pour les deux autres et encore moins pour les sept qui devaient suivre.

Il écrivait des séquences qui, souvent, n'avaient pas de lien avec les autres. Ensuite, il les "cousait" ensemble au fil de son envie et de l'histoire.

En 2002, pendant une semaine de vacances que nous passions dans une île, je le voyais s'ennuyer un peu. Je travaillais à mon livre sur l'architecte suédois Per Olof Hallman et lui, il tournait en rond.

"Tu n'as pas quelque chose à écrire ? lui demandai-je.

— Non, mais j'étais en train de penser à ce texte que j'ai écrit en 1997 sur ce vieux monsieur qui reçoit une fleur chaque année à Noël. Tu t'en souviens ?

— Bien sûr !

— Je me disais que j'avais envie de savoir ce qu'il était devenu."

Stieg s'y est mis immédiatement et nous avons passé le reste de la semaine à travailler dehors, chacun devant son ordinateur, la mer sous les yeux, l'herbe sous les pieds, heureux.

Mon livre et *Millénium* ont donc pris forme en même temps.

Contrairement à ce que l'on imagine en lisant *Millénium*, Stieg n'était pas un génie de l'informatique, et il a d'ailleurs longtemps écrit à la machine. On est passés à l'ordinateur au début des années 1990, après que j'ai travaillé dans une entreprise qui en était équipée. Même à *Expo*, on a dû appeler une équipe de spécialistes pour protéger les ordinateurs du piratage. Personne n'était assez calé pour le faire. Il n'était pas non plus un fou de mathématiques, malgré le théorème de Fermat que Lisbeth Salander découvre dans *La Fille qui rêvait d'un bidon d'essence et d'une allumette*, que Stieg développe sur plusieurs pages et sur lequel Lisbeth revient plusieurs fois pour finalement s'en désintéresser au troisième volume. En fait, Stieg a toujours été nul dans cette matière qui a même failli le faire échouer à son bac. Mais c'est ce genre de savoir que l'on affectionnait tous les deux, une espèce de culture hétéroclite qui, peut-être, ne sert pas à grand-chose dans la vie mais qui nous passionnait. Il suffisait qu'on lise une phrase sur un sujet inconnu pour qu'elle déclenche chez nous l'envie de se plonger dedans. Stieg était comme une éponge, il absorbait tout, sans jamais prendre de notes. Par exemple, pour les vêtements des personnages qu'il décrit toujours avec force détails, il ne s'est jamais plongé dans le moindre catalogue, ni attardé devant une vitrine. Il observait la rue, c'est tout. Et il aimait ça. Stieg avait une façon très personnelle de s'habiller. Il portait des vestes en tweed, élégantes mais bon marché. Contrairement aux gens de son milieu qui, généralement habillés en tenue sport, ne changent pas de style selon les occasions, il s'adaptait aux événements et aux gens qu'il rencontrait. Il avait de la classe sans jamais ressembler à un dandy ou à un snob.

En deux ans, il a écrit deux mille pages. Que ce soit pour *Searchlight*, TT, *Expo* ou *Millénium*, il procédait toujours avec la même énergie. La première année, il s'y mettait le soir et le week-end. Il se couchait tard, mais pas plus que d'habitude. C'était une vie parfois pesante pour moi, mais ce qui nous sauvait, c'est qu'on riait beaucoup. Il travaillait, sortait sur le balcon pour fumer une cigarette et reprenait son boulot, à nouveau très concentré. La dernière année, il écrivait aussi dans la journée et dans les locaux d'*Expo* plutôt que de faire ce qu'il avait à y faire. C'est l'année où il a tellement travaillé qu'il dormait à peine cinq à six heures par nuit. Je m'en apercevais chaque fois que je relisais les derniers textes de *Millénium* et en voyant qu'il les écrivait à 3 ou 4 heures du matin. Je pense que *Millénium* était devenu un refuge pour lui.

Stieg était un artiste et, en tant que tel, il n'avait pas toujours les pieds sur terre. A la maison, pour assurer le quotidien, il y avait moi, la femme de l'artiste, mais à *Expo*, c'était la pagaille. C'était un bon rédacteur en chef pour le journal mais un mauvais directeur pour la fondation. Non seulement il n'était pas aidé ni organisé, mais, en plus, l'argent manquait. Il ne savait pas suivre ni contrôler le déroulement des tâches. Résolvant tous les problèmes à la hâte et sous la pression, il était complètement exténué. Après sa mort, j'ai trouvé une lettre adressée aux sponsors pour leur demander une fois encore une aide financière. Elle était datée du 7 novembre et elle n'a jamais été envoyée. Il est mort le 9 novembre. Toutes les récompenses et les louanges reçues par *Expo* pour ses précieuses contributions n'étaient finalement que des mots. Chaque début de mois, Stieg devait se battre pour trouver les moyens de le finir. Le pire, c'est qu'il perdait confiance. Il avait quitté TT, ses indemnités de départ avaient fondu et ses espoirs dans *Expo* s'effondraient. Tout ce en quoi il avait cru partait en fumée. Alors il écrivait et écrivait. C'était comme une thérapie. Il racontait la Suède telle qu'elle était et telle qu'il la voyait, les scandales, l'oppression des femmes, ses amis qu'il chérissait et voulait honorer, la Grenade qui nous tenait tellement à cœur… Il utilisait chaque petit détail, et possédait une mémoire d'éléphant puisqu'il gardait tout dans sa tête et… dans son ordinateur.

Sans les combats et les engagements de Stieg, *Millénium* n'aurait jamais existé. Ils en sont le cœur, le cerveau et les muscles.

LES VALEURS JOURNALISTIQUES DE STIEG

Pendant de nombreuses années, Stieg a œuvré pour que la Constitution suédoise place Internet au même niveau de responsabilité que les autres médias, avec l'obligation d'avoir un responsable de publication. Il n'y a pas réussi. Ainsi les sites racistes et fascistes qui incitent à la haine et profèrent des menaces ne peuvent toujours pas être poursuivis aujourd'hui.

En juin 2004, il a soulevé cette question, à Paris, pendant la conférence de l'OSCE (Organisation pour la sécurité et la coopération en Europe) qui regroupe cinquante-six Etats en Europe, en Asie centrale, au Canada et en Amérique. L'OSCE offre un forum pour les négociations politiques et la prise de décision dans les domaines de l'alerte, de la prévention des conflits et des risques, de la gestion des crises et du redressement post-conflit. Pendant cette conférence, Stieg a ainsi dénoncé les risques encourus à laisser Internet exister en dehors de toute législation. "Pour les groupes racistes, le cyberespace est un rêve, a-t-il dit. Ce n'est pas un hasard si leur priorité est de créer un site." Mais il soulignait aussi le danger de considérer la loi comme seul remède efficace : "Mon avis personnel est que la législation ne peut pas résoudre à elle seule le défi de la propagande de la haine sur Internet. J'en appelle même à ne pas trop se fier à la législation." Il pensait que sans l'activisme démocratique des politiques et des citoyens, dont font partie les journalistes, les lois ne serviraient qu'à "gratter la surface du problème". Il était très inquiet de l'évolution négative des choses.

Millénium dénonce la démission progressive des médias au cours des décennies 1980 et 1990. On a vu des journalistes d'investigation délaisser les problèmes de société, et les journalistes économiques traiter les chefs d'entreprise comme des rock stars, les laissant s'enrichir tranquillement grâce à des sociétés-écrans, à des systèmes de primes et aux cartels. Cette frontière floue entre les journalistes et les entreprises a également eu pour conséquence que beaucoup ont changé de job pour devenir responsables des relations publiques dans de grosses sociétés. Au début de *Millénium*, dans *Les Hommes qui n'aimaient pas les femmes*, Mikael Blomkvist illustre, à travers le portrait du journaliste William Borg, tout ce que dénonce Stieg dans ce domaine : "Borg avait abandonné le journalisme et il travaillait maintenant comme consultant, avec un salaire considérablement plus élevé, dans une entreprise (...)." Stieg ne s'est jamais vendu pour faire carrière ou pour de l'argent.

Toute l'éthique journalistique de Stieg est résumée dans *Millénium.* Ainsi que son respect pour le lecteur. Mikael dit à Henrik Vanger : "Peu importe le nombre d'annonceurs que nous avons si les gens ne veulent pas acheter le journal." Stieg militait pour la recherche de la vérité que tout journal doit à ses lecteurs, mais il pensait aussi qu'il ne fallait pas tout leur sacrifier. Il refusait ainsi que les victimes subissent une double peine en ajoutant à la violence subie le viol que représente l'étalage de leur vie privée dans les magazines. Dans *Millénium*, il dénonce avec force et ironie les dérives de plus en plus fortes dans ce domaine comme, par exemple, les manchettes de journaux qui dépeignent Lisbeth et ses amies comme une "bande de lesbiennes sataniques". Quand Mikael Blomkvist résout l'énigme de la disparition de Harriet Vanger, il fait face à un énorme problème de conscience : être un bon journaliste et raconter toute l'histoire au risque d'exposer Harriet à la curiosité publique ? Ou la taire et donc cacher la vérité, malgré les retombées économiques que cette révélation médiatique apporterait à *Millénium* ? A l'issue d'une longue et douloureuse bataille intérieure, la morale l'emportera sur son ego de journaliste et il ne publiera pas l'histoire. Ce passage était très important pour Stieg, car il voulait vraiment faire passer un message. Pourtant, quand je l'ai découvert, je n'étais pas d'accord. Dans cette version, quand Mikael retrouve Harriet en Australie, elle lui disait, complètement effrayée : "Et maintenant que tu sais que je suis en vie, que vas-tu faire ? Toi aussi tu vas me violer ?" Je pensais que les lecteurs prendraient ses derniers mots au premier degré et qu'ils penseraient qu'elle était complètement paranoïaque. Stieg n'était pas du tout de mon avis et l'on s'est beaucoup disputés à ce sujet. Pour finir, il n'a pas dit : "OK, je vais changer." Il n'a rien dit. Mais il a enlevé cette phrase.

Au début du premier volume, Mikael Blomkvist, accusé de n'avoir pas vérifié ses preuves dans un article sur l'industriel Hans-Erik Wennerström, démissionne de son poste de responsable de la publication de peur que les lecteurs perdent confiance dans le journal *Millénium*. Plus tard, avant de rendre publiques les preuves rassemblées par Dag Svensson, il contrôle toutes les informations d'une manière obsessionnelle. Je connais bien cette attitude pour avoir vu Stieg à l'œuvre. Mais il considérait que les sources étaient sacrées et c'est pour cette raison que Mikael efface, après les assassinats de Dag et Mia, tous ses dossiers sur son ordinateur avant l'arrivée de la police. On comprend mieux aujourd'hui pourquoi, après sa mort, personne dans l'entourage de Stieg, moi comprise, n'a voulu donner d'informations sur l'ordinateur qu'il utilisait. Outre le quatrième tome en cours, il contenait les noms et les contacts de ses informateurs sur l'extrême droite. Et là, la Constitution suédoise est formelle : les sources doivent être protégées !

FÉMINISME

Millénium est le répertoire de toutes les formes de violence et de discrimination que subissent les femmes.

Pendant son adolescence à Umeå, Stieg a été bouleversé par une histoire dramatique qui l'a marqué à vie. Un week-end, il a assisté au viol d'une jeune fille dans un camping, certains des violeurs étant des amis qu'il a refusé de revoir ensuite. Il a toujours culpabilisé de ne pas être intervenu. Quelque temps après cet épisode terrible, il a rencontré la fille en ville et a voulu s'excuser. Elle a refusé de l'écouter et s'est écartée de lui avec des mots qu'il n'a jamais oubliés : "Va-t'en. Tu es comme les autres !"

Doit-on chercher dans cet événement l'origine de son féminisme ? En tout cas, il y a sans aucun doute contribué. Pendant qu'il écrivait *Millénium*, Stieg employait comme titre de travail pour les trois tomes *Les Hommes qui haïssent les femmes*. Il n'a été conservé que pour le premier tome et, encore, il a dû beaucoup insister. Le verbe "haïr" a cependant été remplacé par "n'aimer pas" dans la version française.

Quand j'ai rencontré Stieg en 1972, il était déjà un féministe acharné qui préférait la compagnie des femmes et travailler avec elles plutôt qu'avec des hommes. D'ailleurs, il avait généralement beaucoup de succès avec elles – il racontait qu'enfant, chez ses grands-parents, son meilleur ami était déjà une petite fille ! Il les trouvait plus créatives et moins arrivistes que les hommes. Dans ses jobs, il s'adressait de la même façon aux deux, il attendait autant des unes que des autres et il a trouvé agréable de travailler sous les ordres de femmes. S'il tombait sur des machos carriéristes qui tentaient de faire obstacle aux "femmes de Stieg", soit il les obligeait à changer d'attitude, soit il les virait de sa vie privée. Quand Erika Berger est nommée à la tête du journal *SMP*, dans *La Reine dans le palais des courants d'air*, il explique très bien le genre de brimades et de coups bas qu'une femme compétente affronte dans un milieu d'hommes. "La conférence de rédaction prévue pour 14 heures était soudain avancée à 13 h 50 sans qu'elle en soit informée, et la plupart des décisions avaient déjà été prises quand elle finissait par arriver." Les titres qu'elle choisissait n'étaient pas conservés et les articles qu'elle supprimait se retrouvaient à la une.

Son goût prononcé pour les femmes ne m'a jamais vraiment inquiétée. Ni l'un ni l'autre d'ailleurs n'était jaloux mais, pour être sincère, on gardait l'œil ouvert.

Dans sa jeunesse, Stieg avait fait des percussions avec un copain qui l'avait initié au jazz. Mais c'est le rock qu'il aimait surtout et, tout particulièrement, le rock féminin comme Shakespears Sister, Annie Lennox dans Eurythmics ou Tina Turner. Et comme par hasard, Lisbeth est très proche du groupe de femmes des Evil Fingers. Moi, j'ai des goûts plus variés qui vont de l'opéra à la musique populaire en passant par le rock et la pop. Chez nous, on écoutait des musiques différentes mais finalement assez rarement.

A la maison, on partageait les tâches ménagères selon les goûts de chacun : il aimait faire le ménage et moi, la cuisine. On détestait la lessive autant l'un que l'autre, on la faisait donc à tour de rôle.

Les femmes ne pouvaient qu'occuper une place importante dans *Millénium*. D'âges, de professions et de personnalités différents, elles ont toutes en commun d'être têtues, comme Stieg, voire obstinées dans ce qu'elles entreprennent. Tout comme lui encore, elles rendent coup pour coup et se vengent. Stieg ne trouvait aucune excuse à la violence masculine et il l'a fait dire à Lisbeth. Martin Vanger a certes été violé par son père, mais il "était en mesure de résister autant que n'importe qui. (...) Il tuait et violait parce qu'il aimait ça." Plus loin, elle ajoute : "Je trouve simplement pathétique qu'on attribue toujours des circonstances atténuantes aux salopards."

Trois meurtres de femmes l'ont particulièrement inspiré pour *Millénium*. En 2003, ceux, presque simultanés, de Melissa Nordell et de Fadime Sahindal l'ont poussé à participer à *Débat sur les crimes d'honneur : féminisme ou racisme ?*, une anthologie de Cecilia Englund d'*Expo*. La première, dont le corps a été retrouvé dans l'eau près du ponton de Björkvik à Ingarö, a été tuée par son petit ami jaloux. La seconde a reçu en pleine tête un coup de fusil tiré par son père parce qu'elle voulait échapper à un mariage forcé. En Suède, la mort de Melissa a été perçue comme un meurtre ordinaire. Et celui de Fadime comme un meurtre ethnique, un crime d'honneur, un fait divers étranger à la "culture suédoise". Stieg les a appelées "les sœurs dans la mort" parce que, pour lui, elles avaient été victimes de la même oppression patriarcale. Les différences culturelles évoquées ne faisaient que donner un peu plus la parole aux racistes et conduisaient l'enquête sur une voie de garage. Et pendant ce temps, des femmes continuaient à périr sous les coups des hommes.

Dans le livre sur les crimes d'honneur, il écrivait : "Le modèle anthropologique et culturel emprunté pour expliquer ces drames apporte des réponses sur la forme de l'oppression mais pas sur ses raisons. Ainsi on brûle les femmes en Inde, on les tue au nom de l'honneur en Sicile ou on leur fait subir des violences le samedi soir en Suède... En revanche, la culture n'explique pas pourquoi les femmes du monde entier sont assassinées, mutilées, excisées, maltraitées et soumises de force à un comportement rituel imposé par l'homme, ni pourquoi les hommes dans nos sociétés patriarcales oppriment les femmes. (...) «Violence systématique» à l'encontre des femmes – car il s'agit en effet d'une violence systématique – serait l'expression qu'on emploierait si une pareille violence était exercée à l'encontre des syndicalistes, des juifs ou des handicapés." A la grande satisfaction de Stieg, son point de vue a été partagé par les huit autres contributeurs à l'anthologie, dont six femmes.

Le troisième meurtre est celui de Catrine Da Costa, retrouvée découpée en morceaux. Stieg avait lu un livre sur cette histoire qui l'a passionné. L'auteur, Hanna Olsson, m'a contactée dernièrement pour me dire qu'elle aurait aimé travailler avec Stieg après avoir lu son texte sur les crimes d'honneur. Tous les actes de violence racontés dans *Millénium* sont inspirés de vrais meurtres décrits dans des rapports de police. Une fois les peines prononcées, les dossiers entrent dans le domaine public et peuvent être consultés.

Quel plus bel hommage pouvait-il adresser aux femmes que d'en faire les héroïnes d'un polar féministe ? Et de les montrer telles qu'il les voyait : libres, courageuses et suffisamment fortes pour changer le monde en refusant d'être des victimes. Concernant les meurtres, ce que Stieg a rajouté dans *Millénium,* ce sont toutes les références à la Bible.

AU CŒUR DE LA BIBLE

Cette atmosphère si particulière que Stieg a créée dans *Millénium*, où la rigueur morale et les références bibliques sont omniprésentes, est celle qui a baigné nos premières années, dans le comté de Västerbotten. Elle est très éloignée de celle des polars classiques, mais on la retrouve chez nos grands auteurs, comme Per Olov Enquist ou Torgny Lindgren, qui sont aussi issus de cette région isolée du Nord de la Suède*.

Le monde de mon enfance était fait de paysans dissidents et conservateurs appartenant à la Mission évangéliste suédoise (EFS), alors que celui de Stieg était plutôt dominé par des ouvriers sociaux-démocrates et communistes. Mais tous ces gens, obstinés, loyaux, honnêtes et d'une grande moralité, se ressemblaient.

* Alors que le reste du pays était depuis le XVIe siècle sous l'autorité de l'Eglise luthérienne, des courants protestants dissidents, extrêmement austères, se sont développés au XIXe siècle dans le Nord – notamment l'Eveil religieux, mené par le pasteur radical Lars Levi Læstadius. Ces courants s'étaient donné pour mission de sauver les ouvriers et les paysans des ravages de l'alcoolisme ; la musique, les bals étaient proscrits, les femmes n'avaient pas le droit de se maquiller… Avec l'avènement de la société industrielle et l'urbanisation massive, ces mouvements séparatistes ont quasiment disparu vers la moitié du XXe siècle.

L'EFS, fondée en 1856, est un mouvement pour le renouveau de la foi dans l'Eglise luthérienne. L'un de ses fondateurs, le grand prédicateur et auteur Carl Olof Rosenius, était originaire d'Anäset dans le Västerbotten, où a grandi ma grand-mère paternelle. L'EFS dit que chaque chrétien doit vivre sans intermédiaire une relation directe avec Dieu et agir en toute responsabilité. Et cela commence bien sûr dans la vie quotidienne. La lecture individuelle de la Bible est l'un des piliers essentiels de la vie religieuse, ce qui fait que l'éducation populaire en général a toujours eu une position forte au sein du mouvement. Aussi, l'une des grandes préoccupations de l'EFS était la diffusion des textes religieux. En 1868, les colporteurs, qui assumaient cette tâche, ont été autorisés à prêcher. Leur influence a perduré jusqu'à aujourd'hui dans cette région où nous avons grandi, et qu'on appelle parfois "la ceinture biblique", en référence à la *Bible Belt* aux Etats-Unis, connue pour sa profonde religiosité. L'EFS collectait de l'argent pour soutenir le travail des prédicateurs et des missionnaires en Afrique et en Asie. Ainsi, dès l'enfance, j'ai pris conscience de notre responsabilité vis-à-vis de ces continents.

Dans toutes les villes, il y avait de petits temples où se tenaient des réunions. Mais, à cause des grandes distances, les paysans ne pouvaient pas s'y rendre régulièrement. Alors, les pasteurs et les prédicateurs, qui étaient parfois des voisins, venaient à eux. S'il ne devait y avoir qu'un seul livre dans les maisons, c'était la Bible. Je pense que même les grands-parents communistes de Stieg en possédaient une. Elle avait bercé leur enfance, comme celle de tous les Suédois qui, jusqu'en 1996, étaient automatiquement luthériens à leur naissance. La séparation de l'Eglise et de l'Etat ne s'est d'ailleurs faite qu'en 2000. La lutte pour survivre dans les campagnes, dans les exploitations forestières et dans les quelques usines présentes était très dure dans le Nord et la Bible apportait réconfort et courage – et pas seulement quand la maladie ou la mort frappait une famille. Pour Stieg et moi, il n'était pas question que du Nouveau Testament, et de Jésus qui demande de tendre la joue droite si on nous frappe la gauche. Ce qui nous a nourris, c'est l'Ancien Testament, rude et violent, à l'image de la vie que l'on menait depuis toujours dans nos contrées. Sans notables, sans juges, avec peu de pasteurs fixes, la société ne connaissait pas de hiérarchie, et il fallait s'inventer des règles pour survivre ensemble. C'est dans ce contexte que Stieg et moi avons été élevés par nos grands-parents, avec leurs valeurs d'antan. Cela nous a donné un sens moral très fort, sans doute plus marqué que pour la plupart des gens de notre génération. Certaines choses se faisaient et d'autres pas. Point.

Nous n'étions croyants ni l'un, ni l'autre, mais en voyage nous avons toujours visité les églises et les cimetières. J'aime encore, et je ne manquais jamais de le faire, allumer des bougies en souvenir des morts.

Dans notre appartement à Stockholm, chacun avait sa bible qui, comme le coran, traînait parmi nos très nombreux livres. Stieg s'en est naturellement servi pour raconter les meurtres des jeunes filles dans le premier volume de *Millénium*. Pour être plus précise : il s'est inspiré de faits divers réels et il a ensuite cherché dans la Bible les versets à partir desquels il pourrait bâtir une énigme.

LE DEVOIR DE VENGEANCE

Stieg était un homme généreux, fidèle, chaleureux et foncièrement bon. Mais il pouvait aussi être totalement l'inverse. Quand on avait mal agi avec lui ou l'un de ses proches, c'était "œil pour œil, dent pour dent". Il ne pardonnait jamais et il était très clair sur cette question : "Se venger ou venger ses amis, disait-il, n'est pas seulement un droit, mais un devoir absolu." Même si parfois il a dû attendre des années, Stieg s'est toujours vengé.

Dans le premier volume de *Millénium*, c'est Henrik Vanger qui résume la pensée de Stieg quand il lance à Mikael Blomkvist : "Ignore-le [ton ennemi] quand il s'excite, n'oublie jamais rien et rends-lui la monnaie de sa pièce quand tu en auras l'occasion. (...) Ne laisse jamais s'en tirer quelqu'un qui t'a démoli. Sois patient et riposte quand tu seras en position de force." Dans le tome III, *La Reine dans le palais des courants d'air*, Mikael explique à Anders Jonasson, le médecin qui soigne Lisbeth Salander, qu'il doit aider la jeune femme, même si c'est illégal, parce que, au nom de la morale, on peut violer la loi. Lisbeth était pour Stieg l'incarnation idéale de cette morale qui nous enjoint d'agir selon nos convictions. Sorte d'archange biblique, elle est l'instrument de *La Vengeance de Dieu*, titre provisoire du quatrième volume de *Millénium*.

Quand il était adolescent, à Umeå, Stieg se battait souvent et partout. Un jour, un garçon lui a cassé une dent de devant et il a dû s'en faire poser une fausse, en or. Longtemps après, une nuit, il s'est caché pour attendre son agresseur et il l'a attaqué par surprise. Il n'a plus jamais eu de problème ni avec lui, ni avec personne. Oui, la vengeance demande du temps et du sang-froid.

Le dilemme entre la morale et l'action est la dynamique même de l'intrigue de *Millénium*. Les individus améliorent ou détruisent le monde et leurs semblables, mais chacun agit selon sa propre morale. C'est pourquoi on en revient toujours à la responsabilité individuelle.

Millénium a permis à Stieg de dénoncer tous ceux qu'il vomissait pour leur lâcheté, leur irresponsabilité, leur immoralité et leur opportunisme : les militants de salon, "guerriers [qui ont] besoin de vent portant" ou "skippers pour vents faibles" ; les faux amis qui se sont servis de lui pour se fabriquer une carrière ; les chefs d'entreprise et les actionnaires sans scrupule qui se font attribuer des primes disproportionnées... Dans ce sens, ses livres ont été pour Stieg la meilleure des thérapies.

LES ADRESSES DE *MILLÉNIUM*

Dans *La Fille qui rêvait d'un bidon d'essence et d'une allumette*, Stieg décrit l'activité du mari d'Erika Berger, Lars Beckman, spécialiste de l'histoire de l'art et auteur à succès. "Les six derniers mois, il avait travaillé sur l'importance de la décoration artistique des bâtiments et la question du bien-être éprouvé par les gens dans certains bâtiments et pas dans d'autres. Le livre avait pris la forme d'un pamphlet sur le fonctionnalisme (...)." C'est, en fait, une description du contenu de mon livre sur Per Olof Hallman. Cet architecte et urbaniste, mort en 1941, a conçu à Stockholm des zones résidentielles qui ont accentué la particularité de cette ville avec ses rochers, sa verdure et ses maisons typiques avec vue sur la mer. Il a prêté une attention toute particulière à l'habitat avec, par exemple, l'intégration d'espaces verts, de jeux pour enfants ou même d'œuvres d'art. Pour Hallman, le but de l'architecture et de l'urbanisme était d'apporter joie de vivre et sérénité aux habitants. Il considérait ainsi que le milieu dans lequel ils vivent leur donne de la force ou, au contraire, les affaiblit.

J'avais commencé la rédaction de ce livre en 1997 mais j'ai dû l'interrompre quand le gouvernement suédois m'a engagée pour participer à une étude sur la construction de logements de qualité à coût réduit. Mais en 2002 j'ai décidé de devenir consultante à temps partiel pour me concentrer entièrement sur mes recherches. Je passais alors beaucoup de temps à étudier des documents dans les bibliothèques, les archives ou des librairies spécialisées dans les livres anciens. Chaque soir, quand Stieg rentrait, il lâchait son sac dans le couloir et lançait son immuable : "Coucou ! Il y a quelqu'un ?" Puis il se dirigeait directement vers le canapé où j'étais assise pour travailler et il posait alors ses tout aussi immuables questions : "Qu'est-ce que tu as trouvé aujourd'hui ? Il y a du café ?" Il s'installait à côté de moi, me posait plein de questions et m'écoutait attentivement. Comme il n'avait pas le temps de lire chaque nouvelle version, je discutais régulièrement du manuscrit avec lui. Le samedi, je l'entraînais dans de grandes promenades à travers les "zones Hallman" sur lesquelles j'étais en train d'écrire. Pour gagner du temps dans l'avancée de *Millénium* tout en faisant un petit clin d'œil à mon travail, il m'avait demandé de pouvoir utiliser des lieux dont je parlais pour faire vivre ses personnages dans des endroits qui correspondaient à leur personnalité. Ainsi, Dag Svensson et Mia Bergman habitent à Enskede, au 8B de la rue Björneborgsvägen ; Cortez, dans la rue Alhelgonagatan, à Helgalunden. Et Lisbeth Salander, au début de *Millénium*, rue Lundagatan.

En revanche, il voulait que l'appartement de Mikael Blomkvist se situe dans le vieux Stockholm, en dehors des zones Hallman. Nous avons fait de nombreuses recherches avant de trouver la bonne adresse. La rue Bellmansgatan offrait plusieurs possibilités, dont l'une était la maison Laurinska, au numéro 4-6. Depuis sa construction en 1891, de nombreux artistes avaient habité dans cet immeuble en briques avec vue sur Riddarfjärden. Mais c'était trop luxueux pour Mikael qui n'avait pas les moyens de se payer un tel endroit. On s'est ensuite longuement arrêtés devant ce qui nous semblait l'immeuble idéal, avec une petite vue sur la mer. Sauf qu'il manquait les sorties qui, dans l'histoire, permettaient à trois groupes différents de surveiller simultanément Blomkvist. Stieg en était chagriné. “C'est pas grave, ai-je alors dit. On fera une porte imaginaire là-bas (j'ai pointé le doigt dans la direction concernée) et on donnera à la maison un numéro fictif. Comme ça, les lieux colleront à l'intrigue.” Son visage s'est illuminé : “Oui, on va faire ça !” Mais, pour une raison inconnue, dans la version publiée, cette numérotation a disparu. Il faut dire que Stieg n'a eu le temps de revoir que les épreuves du tome I. Et l'histoire de la surveillance de l'appartement apparaît dans le troisième volume.

Dans les premières pages des *Hommes qui n'aimaient pas les femmes*, Mikael Blomkvist raconte comment il a rénové lui-même son appartement et caché les plus gros défauts des murs avec quelques aquarelles d'Emanuel Bernstone. J'ai toujours beaucoup aimé cet artiste et, à une époque où il était un parfait inconnu, j'ai acheté l'une de ses œuvres avec le petit héritage de ma grand-mère. La seconde, j'ai pu l'acquérir avec l'argent qui me venait, cette fois-ci, de ma mère. Les deux aquarelles ont toujours été accrochées chez nous.

Pour mon livre, j'avais aussi longuement interviewé la fille de Hallman, quatre-vingt-seize ans à l'époque. Elle m'a raconté que son père naviguait souvent avec le peintre Anders Zorn et l'écrivain Albert Engström. Tous les trois buvaient tellement de bière que le ponton devant la maison d'été de Hallman, à Skarpö, était encombré de cadavres de bouteilles, au point que le bateau à vapeur avait du mal à déposer ses passagers. Cette anecdote a trouvé sa place dans le premier volume de *Millénium*, mais ce sont Frederik Vanger et sa femme Ulrike qui accompagnent les deux artistes.

Stieg était tellement enthousiasmé par mon livre sur Hallman qu'il me répétait, convaincu : "Tu vas voir, ce livre va changer ta vie." Ironie du sort : ce n'est pas ce livre qui a bouleversé ma vie, mais *Millénium.*

Quand Lisbeth Salander revient de la Grenade au début du tome II et qu'elle cherche un appartement, elle est riche, mais n'en trouve pas un facilement. Stieg, lui aussi, a mis du temps avant de dénicher ce logement. En fait, c'est moi qui l'ai repéré… dans ma documentation. Comme je travaillais chez Skanska, j'étais intéressée par tout ce qui concernait ce groupe. Je recueillais des informations sur ses activités dans la construction ainsi que sur Percy Barnevik, le président de son conseil d'administration, dont l'énorme retraite, accumulée grâce à tous les postes de direction occupés durant sa carrière, avait été rendue publique dans les médias. J'étais concernée à double titre, comme citoyenne et comme salariée. Quand Barnevik a vendu son appartement rue Fiskargatan, l'article qui en parlait et le plan qui l'accompagnait ont rejoint ma documentation. C'est comme ça que Lisbeth a emménagé près de Mosebacke, rue Fiskargatan.

Ma documentation a aussi inspiré, au début du premier tome, l'affaire des stock-options dans le groupe Skanska, et celle des retraites chez ABB dont parlent Mikael Blomkvist et Robert Lindberg quand ils se rencontrent sur le ponton d'Arholma. C'est à la suite de cette malheureuse conversation que Blomkvist va enquêter sur Wennerström et se faire condamner pour diffamation.

Tous les cafés cités dans *Millénium* nous étaient familiers. Ils nous servaient de lieux de rendez-vous à la fin de ma journée de travail, comme le café Anna à Kungsholmen, dans lequel, au début du premier tome, Mikael entend sa condamnation à la radio ; ou de repos, comme les cafés Giffy et Java à Hornsgatan, après une de nos expéditions dans les galeries d'art de la butte Horngatsgatan. Le Kaffebar, où, encore à la radio, Blomkvist apprend que l'homme qui a tenté de tuer Lisbeth a été assassiné, était le QG d'*Expo* puisque les bureaux du journal étaient dans le même immeuble. On y mange toujours un merveilleux petit sandwich au fromage de Västerbotten, la région de nos enfances. Il accompagnait notre café au lait après une visite dans notre librairie préférée, riche en livres anciens ou spécialisés dans le féminisme, la politique, etc. Le restaurant Kvarnen (Moulin), où Lisbeth Salander retrouve ses copines du groupe de hard rock Evil Fingers, est un endroit joyeux et bruyant qui sert de délicieuses boulettes de viande. Elles avaient un temps disparu de la carte, mais la fronde des habitués a obligé le patron à les y remettre.

Enfin, parmi les nombreux lieux de *Millénium* qui nous appartiennent à Stieg et à moi, celui qui me tient particulièrement à cœur est la petite cabane située à Sandhamn où Mikael Blomkvist va "lire, écrire et se détendre". Pendant l'été, on louait toujours ce genre de maison en bois dans l'archipel. Notre rêve était d'en faire construire une bien à nous. Cette cabane devait ressembler à celle décrite par Lisbeth Salander : trente mètres carrés aménagés comme l'intérieur d'un bateau, avec une grande fenêtre qui donnerait sur l'eau et une table de cuisine assez grande pour écrire tous les deux.

LES PERSONNAGES

Dans *Millénium*, on trouve des “vraies gens” cités nommément par Stieg pour leur rendre hommage ; d’autres dont il s’est inspiré pour des détails ; et d’autres enfin qui sont des personnages imaginaires mais que certains s’imaginent reconnaître, voire même être. Un chirurgien esthétique m’a par exemple écrit pour me faire savoir qu’il était convaincu d’avoir servi de modèle à celui qui, dans *La Fille qui rêvait d’un bidon d’essence et d’une allumette*, refait les seins de Lisbeth Salander !

Mikael Blomkvist n’est pas Stieg Larsson. Comme lui, il boit du café, fume et bosse énormément mais, en gros, la ressemblance s’arrête là. En revanche, il est évident qu’il incarne le journaliste généraliste reconnu que Stieg aurait souhaité être, qu’il porte un grand nombre de ses opinions et de ses engagements et qu’il est, comme lui encore, un justicier incorrigible et incorruptible.

Lisbeth Salander est-elle le double féminin de Stieg ? Ils partagent au moins les mêmes mauvaises habitudes alimentaires, dont la pizza surgelée et les sandwichs. Hacker géniale, prodige de l’informatique et de l’enquête, elle est dotée d’une mémoire visuelle qui lui permet de mémoriser à une vitesse hallucinante des textes complexes comme, par exemple, un traité d'astronomie sphérique. J'ai déjà parlé de la mémoire incroyable de Stieg, de sa culture iconoclaste et de sa soif inextinguible de lecture sur les sujets les plus variés. Un certain nombre d'éléments concernant le monde des hackers de Lisbeth viennent, par exemple, de *The Hacker Crackdown*, de Bruce Sterling. Mais nous avions aussi à la maison beaucoup de *comic books* de *Superman* ou *Spiderman*, super-héros aux pouvoirs extraordinaires, dont Lisbeth pourrait être la petite soeur. Quant à sa manie du secret et de la prudence, Stieg l'avait aussi, mais comme l'ensemble des membres de *Searchlight* et d'*Expo*, qui devaient se protéger.

Dans *La Fille qui rêvait d'un bidon d'essence...*, Lisbeth Salander rend visite, à la clinique, à son ancien tuteur, Holger Palmgren. Ils disputent une partie d'échecs assez compliquée qui est une variante d'une classique de Lasker. Stieg et mon frère Björn jouaient aux échecs depuis leur rencontre dans les années 1970. Björn possède un grand nombre de livres sur le sujet, dont quelques parties classiques d'Emanuel Lasker, ce fameux mathématicien allemand joueur d'échecs. En général, Stieg perdait mais, comme il n'était pas du genre à capituler, il ne refusait jamais une revanche. Quand il est parti en Afrique en 1977, il a écrit dans un testament non certifié dont je reparlerai plus tard que, s'il n'en revenait pas, mon frère devait hériter de tous ses livres de science-fiction.

Beaucoup pensent reconnaître Lisbeth Salander. Certains assurent qu'elle aurait été une journaliste passée par *Expo*. Joakim, le frère de Stieg, prétend, lui, qu'il s'agit de sa propre fille, avec laquelle Stieg aurait communiqué par mail. Joakim a précisé dans une interview que, comme par hasard, ces mails auraient disparu du disque dur de l'ordinateur de sa fille…

Si Lisbeth doit vraiment quelque chose à quelqu'un, c'est à Fifi Brindacier (Pippi Långstrump en suédois, soit "Pippi aux longs bas"), l'héroïne nationale imaginée par la romancière suédoise Astrid Lindgren. Cette petite fille formidable a beaucoup fait pour l'égalité des sexes ! Elle ne dépend de personne, elle sait se servir d'un revolver et elle a navigué sur les sept mers. Elle peut en outre soulever un cheval et vaincre l'homme le plus fort du monde, Arthur le Costaud. Mais, avant tout, Fifi a sa propre vision du bien et du mal et elle vit selon ses principes quoi qu'en disent la loi ou les adultes. A la fin de ses aventures, elle promet : "Quand je serai grande, je serai un corsaire." Un soir, à la fin des années 1990, Stieg et des journalistes de TT se sont amusés à imaginer ce que seraient réellement devenus à l'âge adulte les idoles de tous les jeunes Suédois. Fifi Brindacier ? Peut-être Lisbeth Salander. Kalle Blomkvist, le jeune héros de la trilogie *L'As des détectives* d'Astrid Lindgren ? Peut-être Mikael Blomkvist. Aux lecteurs de *Millénium* de décider. En fait, la seule Lisbeth Salander qui existe vraiment en Suède a soixante ans et vit dans un village perdu. Elle m'a écrit pour me dire qu'elle en avait assez que les journalistes l'appellent pour lui demander si elle connaissait Stieg Larsson. Elle a conclu en disant : "Si tu passes par chez moi, viens boire un café, qu'on bavarde et qu'on rigole !"

Les personnages féminins de l'Histoire qui intéressaient Stieg sont ceux qui sortent des stéréotypes du sexe faible et dont il parle dans la première page du troisième tome, *La Reine dans le palais des courants d'air.* Les femmes soldats déguisées en hommes pendant la guerre de Sécession, les amazones, les chefs d'armée qui menaient leur peuple à la guerre comme Boadicée, la reine des Icènes qui a dirigé l'insurrection contre les Romains en Angleterre... Au cours de l'un de nos nombreux voyages à Londres, en particulier pendant les huit années où ma sœur Britt y habitait, Stieg m'a conduite au Westminster Bridge pour me montrer la statue de Boadicée, une de ses héroïnes favorites.

Erika Berger, la directrice de *Millénium*, a été créée de toutes pièces. Mettre une femme à cette place n'est pas un artifice littéraire ou un hasard. C'est même l'inverse qui m'aurait étonnée. Elle est compétente et assume pleinement la responsabilité à la fois de ses collaborateurs et des finances du journal. Erika Berger a une vie privée pas très classique avec un mari et un amant, et assume ses désirs, ce qui lui cause certains problèmes.

Pour le personnage d'Anita Vanger, Stieg s'est beaucoup inspiré de ma sœur Britt. Lors de l'écriture du premier tome, il lui a demandé si, en tant qu'Anita, elle voulait bien vivre à Guilford au sud de Londres, comme lorsqu'elle avait émigré de Suède. Elle n'a pas voulu et a préféré le vieux quartier de St. Albans, plus au nord, et "une petite maison dans une rangée proprette". Tout au long de ses années londoniennes, Britt a toujours vécu, comme Anita Vanger, dans des appartements chauffés par un radiateur à gaz encastré dans une cheminée. Stieg et moi connaissions bien ce genre d'appareil. Dès qu'on arrivait chez ma sœur, on se précipitait pour l'allumer, soulagés de le voir faire monter la température au-dessus des 15 degrés auxquels Britt avait fini par s'habituer ! Parfois, un personnage de *Millénium*, comme Martina Karlgren ou Franck Ellis dans *La*

Reine dans le palais des courants d'air, fait référence à des revues scientifiques pointues comme *Nature* ou *The New England Journal of Medicine*, que Britt lisait dans le cadre de son travail dans la recherche médicale. Elle nous parlait souvent des articles qui l'inspiraient, aussi Stieg connaissait-il bien ces revues.

Donner à des personnages des noms de gens réels, voire leur métier ou leur personnalité, était pour Stieg une marque d'affection et d'admiration. On ne connaissait pas personnellement le boxeur Paolo Roberto mais, en Suède, c'est une star. Jeune délinquant dans les années 1980, puis boxeur professionnel, il est devenu en 1987 vedette de cinéma en tenant le premier rôle dans *Stockholmsnatt*, le film de Staffan Hildebrand. Aujourd'hui, il est cuisinier dans une émission de télé où ses tantes italiennes n'hésitent pas à lui arracher la cuillère des mains quand il ne remue pas correctement la sauce tomate ! Stieg appréciait particulièrement son franc-parler, ainsi que le fait qu'on ne sait jamais à quoi s'attendre avec lui. Il peut être un parfait macho et, la minute suivante, prendre fait et cause pour l'égalité des sexes ! Lors des élections de 2002, il a failli entrer au Parlement, mais il n'est arrivé qu'en deuxième position. En revanche, il a eu sa place dans *Millénium*.

Le psychiatre Svante Branden, qui soutient Lisbeth Salander dans le troisième volume contre le psychiatre Peter Teleborian, est l'un de nos vieux amis. J'ai raconté comment je lui avais sous-loué sa chambre d'étudiant en arrivant à Stockholm, en 1977, avant que Stieg ne trouve son boulot à la poste et me rejoigne. Comme nous, il a toujours été contre toutes formes de sévices ou de discrimination. En tant que psychiatre, il décrypte mieux que personne les vrais mobiles des gens, sans se laisser abuser par leurs tentatives de se trouver des excuses. Stieg a voulu lui rendre hommage en le faisant apparaître en héros ordinaire dans *Millénium*. En revanche, après la mort de Stieg et l'attitude de son père et de son frère concernant l'héritage moral, intellectuel et matériel de mon compagnon – ce dont je parlerai plus loin –, Svante ne s'est plus du tout senti honoré d'être dans *Millénium*. Et il l'a écrit aux Larsson :

En tant que spécialiste de psychiatrie légale, je souhaite autant que possible que mon nom soit associé à la justice et à la morale. C'était un honneur que Stieg ait voulu emprunter mon nom pour son livre. Mais après sa mort, vous, Joakim, vous tirez profit de l'œuvre de Stieg et utilisez mon nom sans mon autorisation. Vos propos pour le moins étranges dans la presse à propos de Stieg et d'Eva sont sans doute protégés par la loi, mais témoignent d'une morale propre à un profiteur et à un expert-comptable corrompu. C'est pourquoi j'exige que vous retiriez immédiatement mon nom du livre de Stieg et que vous me versiez un dédommagement pour avoir profité de mon nom et de mon statut professionnel.

Etant donné que Stieg souhaitait voir figurer mon nom dans son livre, mes exigences sont très modestes. Je demande une somme forfaitaire de 32 couronnes. De plus, je demanderai 1 couronne par an tant que vous n'arriverez pas à un arrangement avec Eva. Aujourd'hui, le montant s'élève donc à 36 couronnes. Vous pouvez transférer l'argent sur mon compte à la Handelsbanken.*

* 10 centimes d'euros.

Les Larsson ont envoyé leur réponse directement à la rédaction d'*Uppdrag Granskning (Contre-Enquête)*, une émission sérieuse de journalisme d'investigation diffusée par Sveriges Televisions (SVT, chaîne nationale), qui l'a publiée sur son site. Svante a donc également laissé la rédaction publier sa propre lettre sur le même site. Dans la lettre des Larsson, le frère de Stieg ironisait sur l'aide psychiatrique que pouvait m'apporter Svante. Il proposait tout aussi ironiquement de verser le dédommagement à des bonnes œuvres...

Anders Jakobsson est le médecin qui, au début du tome III, reçoit Lisbeth Salander aux urgences de l'hôpital Sahlgrenska à Göteborg. Il l'opère, lui enlève la balle qu'elle a dans la tête et la sauve. Tout au long de son hospitalisation qui dure des dizaines et des dizaines de pages, il l'aide, lui parle, l'écoute, lui fait passer en cachette son Palm Tungsten T3, etc. Anders est un ami depuis l'époque d'Umeå dans les années 1970. A Pâques 2006, donc après la mort de Stieg et le début du changement d'attitude de son père et de son frère, qui commençaient à ne plus me considérer comme la veuve légitime de Stieg, il a rencontré Erland dans une supérette à Umeå, et ne lui a pas caché sa façon de penser. A la suite de cet incident, les Larsson ont exigé que Norstedts, la maison d'édition, modifie le nom d'Anders Jakobsson, qui est ainsi devenu Anders Jonasson dans *La Reine dans le palais des courants d'air* ! Cette histoire a été confirmée par Norstedts et les Larsson devant les caméras d'un reportage télévisé, au printemps 2008, intitulé *Les Millions de Millénium*, dans le cadre d'*Uppdrag Granskning*. Anders Jakobsson a envoyé ensuite une lettre à l'un des journalistes ; elle est consultable sur le site de SVT.

Cher Fredrik Quistbergh,

Norstedts a désormais confirmé que le manuscrit de Stieg Larsson a été modifié avant impression.

Une idée littéraire importante des romans de Stieg Larsson était de mélanger des personnages fictifs avec des personnes réelles. Avec l'aide de Norstedts, Erland et Joakim Larsson sont intervenus dans le manuscrit original de Stieg Larsson en modifiant les noms de certaines personnes dans la troisième partie.

Il s'agit d'une grave violation de l'œuvre de Stieg Larsson et de ses intentions. (...) Le mobile apparaît clairement dans l'interview d'Erland Larsson dans Uppdrag Granskning *: "Mesquin ou vindicatif, appelez cela comme vous voulez, mais on en a décidé ainsi."*

Pendant plus de trente ans, Stieg Larsson a vécu avec sa compagne Eva Gabrielsson dans une relation qui avait tout d'un mariage. Désormais, Erland et Joakim Larsson s'emparent de l'héritage de Stieg Larsson ainsi que du droit moral sur son œuvre. La loi est mise au service d'une profonde immoralité. Il est flagrant pour l'ensemble des amis de Stieg Larsson qu'il s'agit d'un comportement immoral. L'indignation d'Erland Larsson face à mes remarques à cet égard démontre bien que c'est un sujet sensible pour lui. C'est sans doute la preuve qu'Erland Larsson sait pertinemment que c'est moralement déplorable de priver Eva Gabrielsson de l'héritage de son compagnon Stieg. (...) J'ai rencontré Stieg à l'époque du lycée à Umeå. Nous avons été très proches pendant plus de trente ans. A ce titre, je peux affirmer que Stieg n'aurait jamais accepté que quelqu'un dénature ses livres ou prive sa compagne Eva de son héritage. En réalité, Stieg aurait tout fait pour y mettre fin s'il avait été en vie. Sans aucune limite.

Bien cordialement,

Anders Jakobsson.

Autre héroïne ordinaire de notre panthéon, à Stieg et à moi, qui figure dans *Millénium* : la femme qui a sauvé Joy Rahman. Dans *La Fille qui rêvait d'un bidon d'essence...*, Mikael et l'inspecteur de police Jan Bublanski discutent âprement de l'implication réelle ou non de Lisbeth dans les assassinats de Dag Svensson et de Mia Bergman. Blomkvist évoque une histoire d'erreur judiciaire très connue en Suède, celle de Joy Rahman. Condamné et emprisonné pour le meurtre d'une vieille dame, cet homme serait toujours enfermé si une enseignante de l'école que ses enfants fréquentaient n'avait pas consacré plusieurs années à une enquête approfondie. Stieg et moi connaissions cette femme, nous suivions sa colère et sa bataille. Nous étions épouvantés par ce qu'elle montrait des failles de la justice suédoise et de plus en plus admiratifs de cette femme obstinée que rien ne faisait renoncer. Elle a obtenu que de nouvelles analyses soient réalisées et, avec l'aide d'un bon avocat, d'un psychiatre, du prêtre de la prison et d'un journaliste, elle a réuni suffisamment de preuves pour que Rahman soit rejugé, innocenté et libéré après huit ans de prison. En 2003, le prix de la démocratie leur a été décerné. Cette enseignante a bien mérité sa place dans *Millénium.*

maison en bois des grands-parents maternels de Stieg Larsson, dans la ion de Västerbotten, au nord de la Suède.

Les grands-parents de Stieg Larsson déguisés devant leur maison, avec la tante maternelle de Stieg, en 1958.

A gauche, la cuisine de la petite maison en bois.
A droite, le carnet de notes de l'élève Stieg Larsson.

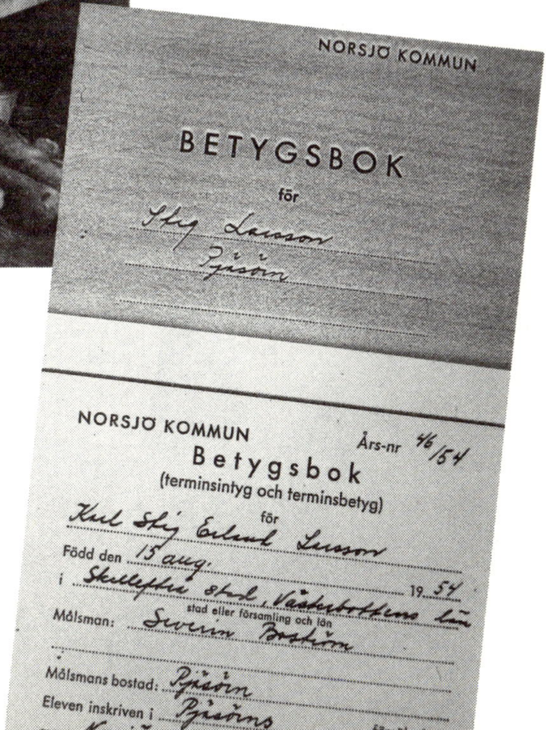

NORSJÖ KOMMUN

BETYGSBOK

för

Stig Larsson

NORSJÖ KOMMUN

Års-nr 46/54

Betygsbok

(terminsintyg och terminsbetyg)

för

Karl Stig Erland Larsson

Född den 15 aug.

i Skellefteå stad, Västerbottens län 19 54

stad eller församling och län

Målsman: Severin Boström

Målsmans bostad:

Eleven inskriven i

av Norsjö

~~försöksskola~~

folkskola

kommun

Eva Gabrielsson et Stieg Larsson en compagnie de Britt, la sœur d'Eva, dans leur appartement de Rinkeby en 1985.

Portrait d'Eva Gabrielsson et Stieg Larsson au milieu des années 1990.

Premier numéro de la revue Expo, *en 1995.*

Au sommaire :

– *L'extrême-droite en Suède, déjà sept morts cette année*
– *Service de renseignements nazi : le réseau suédois*
– *Antisémitisme : qui profane les tombes juives ?*
– *La musique White Power finance le néonazisme*
– *La mort à Oklahoma*
– Michael Schmidt : *A-t-on vraiment besoin d'*Expo *?*
– *L'école comme lieu de recrutement*

EXPO

ANTIFASCISTISKT NYHETSBLAD
januari-februari 1995 pris: frivilligt

Vad är Expo

Expo är ett antifascistiskt nyhetsblad som informerar om vad som egentligen händer på den högerextrema fronten vare sig det gäller fascism/nazism (sverigedemokrater och riksfrontare), extremhöger (mörkblåa moderater) eller invandrarfientlig populism (nydemokrater och sjöbopartister). Tonvikten ligger på Sverige, men övriga världen ingår som en mindre del. Expo sprids bland antifascistiska aktivister från olika politiska läger och fyller ett behov av information och dokumentation.

Redaktionen för Expo

Året som gick

expo

NY TI

Extremhögern i Sverige; sju mord hittills i år

Nazisternas underrättelsetjänst - den svenska länken.

Antisemitism – Vem välter judiska gravstenar?

Vit makt-musiken finanserar nynazismen

Döden i Oklahoma

Michael Schmidt -Behövs verkligen Expo?

Grundskolan som rekryteringsbas

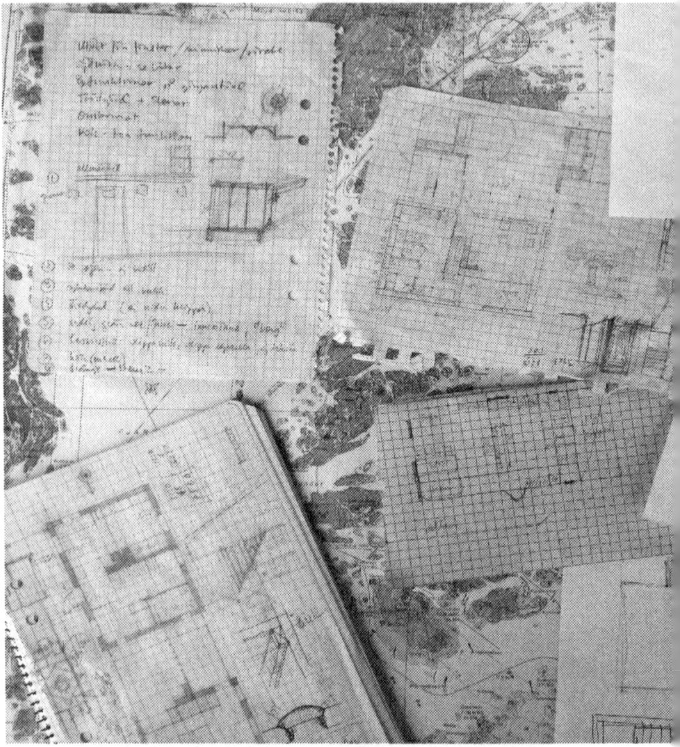

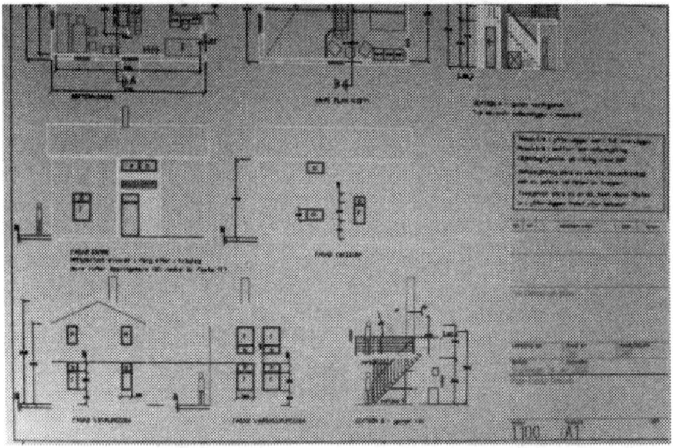

Esquisses et plans finals du "chalet d'écriture" de Stieg Larsson et Eva Gabrielsson.

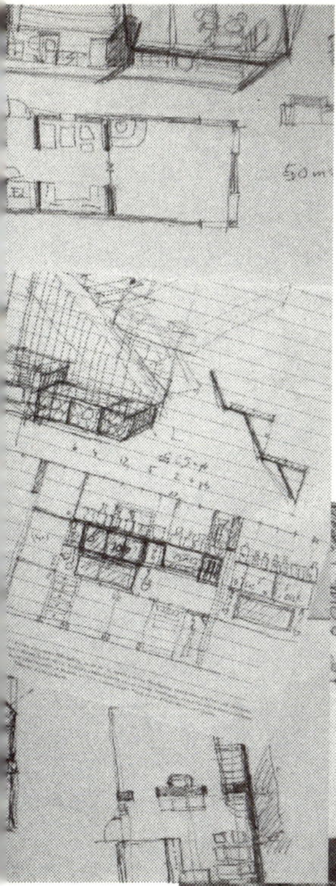

Carte de l'archipel de Stockholm, lieu de navigation préféré de Stieg Larsson et Eva Gabrielsson.

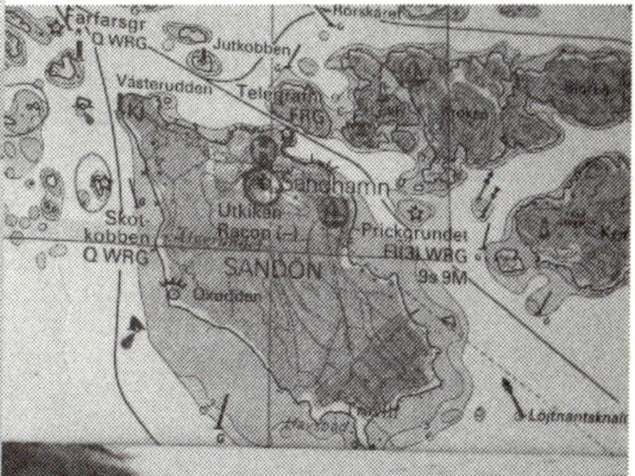

Photo de Stieg Larsson prise par Eva Gabrielsson dans l'archipel, 1990.

Eva Gabrielsson et Stieg Larsson en 1980.

10 décembre 2004, Eva Gabrielsson lors de la commémoration de la mort de Stieg Larsson.

LA GRENADE

Les cent premières pages de *La Fille qui rêvait d'un bidon d'essence et d'une allumette* se déroulent sur l'île de la Grenade, où Lisbeth a décidé de séjourner longuement. Pourquoi la Grenade ? Parce que c'était notre île. Et que c'est une longue histoire.

Au début des années 1980, nous avons lu par hasard, dans une édition anglaise de la revue de la IVe Internationale, des articles sur les Grenadiens. Ils racontaient d'une manière amusante comment le peuple avait chassé du pouvoir le dictateur Eric Gairy et comment celui-ci avait internationalement ridiculisé son pays avec, dans ses discours, des références aux ovnis auxquels il croyait dur comme fer. Cet endroit situé au bout du monde nous a paru vraiment séduisant. Il affichait un développement humaniste qui ne manquait pas d'humour. Un mélange fou de social-démocratie et de démocratie trotskiste de base. Nous avons passé l'été 1981 sur cette île dominée par son volcan assoupi, avec la jungle de chaque côté de ses routes. Partis du Luxembourg, nous sommes d'abord passés, comme Lisbeth, par la Barbade et, ensuite, nous avons pris un petit avion. Le pilote était un rasta plein de charme avec ses longues dreadlocks et il a atterri sur une minuscule piste coincée entre la mer et la montagne. Là-bas, on logeait à Seascape, audessus du quai où accostent les navires, on flânait le long de la plage de Grand Anse avec du sable fin comme de la poudre et on plongeait au milieu des bancs de poissons colorés. Mais il n'était pas question de vacances. On voulait écrire sur tout ce qu'il se passait et, très vite, nous avons pris rendez-vous avec des politiques. Au ministère du Tourisme, on nous a expliqué qu'un projet d'écotourisme était à l'étude, avec de petits hôtels intégrés au paysage et à l'habitat local, et des repas à base de produits locaux. Je me souviens en particulier d'une conversation concernant des commerçants qui voulaient augmenter leurs prix d'une manière faramineuse. Comme eux, nous trouvions cela normal puisque la Grenade, à l'instar de l'ensemble des Caraïbes, est obligée d'importer quasiment tous ses produits, des pièces détachées de voiture au papier hygiénique. Nous avons trouvé une idée judicieuse : instaurer deux systèmes de prix, l'un plus élevé que l'autre. Aux touristes et aux plus aisés de l'île de choisir selon leurs moyens et leur envie d'aider la population. Un concept bien peu réaliste mais qui donnait matière à réfléchir !

On aurait aimé vivre ici pendant des années, mais il a bien fallu rentrer. Dès notre retour, nous avons pris contact avec le comité de soutien à la Grenade. La consul de la Grenade en Suède, Eleanor Raiper, est devenue une amie très proche. On s'est beaucoup amusés ensemble, les Grenadiens sont des gens joyeux et festifs, qui ne s'embarrassent pas de grandes théories comme certains de nos amis. Nous avons créé un magazine et, pour obtenir des fonds pour la coopérative de l'île, on ne faisait pas du porte-à-porte comme nous en avions eu l'habitude, mais on organisait des fêtes payantes où l'on dansait et servait de la cuisine des Caraïbes. Une façon très gaie de faire de la politique !

A l'automne 1983, les Etats-Unis ont envahi la Grenade. Comme je travaillais avec Stieg chez TT pour gagner un peu d'argent, nous l'avons appris très vite par une dépêche. Je me suis alors souvenue que, lorsque les Soviétiques avaient envahi la Tchécoslovaquie en 1968, mon père, qui était journaliste, avait eu l'idée d'appeler les hôtels. Il avait pu ainsi recueillir des témoignages et son journal local avait été le seul de tout le pays à publier des réactions à chaud. Grâce à Eleanor qui avait un annuaire, Stieg et moi avons pu faire la même chose. TT a été ainsi le seul média à produire immédiatement des interviews. Quand nous avons appris que plus de dix mille soldats américains avaient débarqué sur notre île, je me suis mise à pleurer. La Suède n'ayant pas connu de guerre depuis deux cents ans, j'imaginais que les cent dix mille habitants allaient être massacrés.

La description dans *Millénium* de l'ascension et de la chute du gouvernement de Maurice Bishop, le dirigeant charismatique du mouvement New Jewel, est bien sûr le fruit de tout ce que nous avons vu sur place et appris par la suite. Parler de la Grenade était une façon de rendre hommage à des gens qui nous avaient beaucoup apporté et avec lesquels nous avions été heureux.

NAVIGUER

Ce n'est pas un hasard si, dans *Millénium*, tout commence sur un bateau pour Mikael Blomkvist. Difficile d'échapper à l'eau et à la mer quand on vit dans un pays qui possède deux mille kilomètres de côtes et des milliers d'îlots.

L'archipel de Stockholm est le plus grand et, chaque année, Stieg et moi partions à la découverte d'une de ses vingt-quatre mille îles. Dans le Nord, où nous sommes nés, on pratiquait la rame, la voile étant considérée comme un sport pour les snobs. Aussi, avant de nous lancer dans une navigation durant laquelle on peut faire naufrage, se noyer ou être carrément assommé par un retour de bôme, j'avais réussi à entraîner Stieg dans une formation rapide à la voile. Lui, il adorait étudier les cartes, ce qu'il avait appris pendant son service militaire. Moi, je préférais tenir la barre. On s'y relayait mais, si le temps se gâtait, je reprenais le poste. Nous avons commencé par acheter *Josephine*, un bateau à moteur d'occasion de 8,50 mètres, en acajou, fabriqué en 1954, l'année de la naissance de Stieg. En revanche, quand nous sommes passés à la voile, nous avons toujours loué nos bateaux. Notre duo fonctionnait parfaitement bien, en osmose même. Une fois, au milieu d'un vent déchaîné, la bôme a lâché. Sous le regard stupéfait de notre amie Eleanor, Stieg et moi avons fabriqué un bricolage de secours avec des sangles militaires. Nous n'avions même pas eu besoin d'échanger un seul mot pour nous comprendre.

Josephine était basé dans le port d'Årsta où Mikael, dans *Les Hommes qui n'aimaient pas les femmes*, va rejoindre son ex-femme et sa fille Pernilla pour échanger des cadeaux de Noël. Grâce à tous les allers-retours que nous avons faits pour rejoindre *Josephine* – nous ne l'avions pas débaptisé car cela porte malheur –, nous connaissions bien le coin.

Quand Lisbeth décide de faire une descente musclée chez Per-Åke Sandström, le journaliste véreux informateur de Dag Svensson, elle va prendre du matériel chez Watski, rue Erstagatan à Stockholm. C'est le magasin où l'on achetait tout ce qui nous était nécessaire à la navigation. Je me souviens en particulier d'une ancre et d'une chaîne qui devaient peser presque trente kilos et que j'ai portées à travers la forêt d'Årsta jusqu'à *Josephine*.

Quand Lisbeth ligote Sandström, c'est avec un nœud de cabestan. Un nœud que nous avons fait et refait des soirées entières pour bien le maîtriser. Quant à ses petites jumelles Minolta à grossissement 8, ce sont celles que nous avions toujours dans notre poche afin de pouvoir repérer les amers et être sûrs qu'on était sur le bon chemin.

Nous avons aussi beaucoup bourlingué tout en haut de l'archipel, vers Arholma où Blomkvist rencontre son vieux copain d'école qui lui donne l'idée d'écrire sur Wennerström. Ce port est aussi encombré que Stieg le raconte. Il fallait vraiment se serrer pour laisser un peu de place aux retardataires. Je n'ai jamais compris l'étrange engouement pour cet endroit car c'est le lieu de villégiature privilégié d'énormes moustiques, deux fois plus gros que la moyenne, qui se régalent des visiteurs le soir et la nuit.

L'ignoble Nils Erik Bjurman, l'avocat qui devient le tuteur légal de Lisbeth après Holger Palmgren, possède une résidence secondaire à Stallarholmen. C'est un coin où nous nous sommes souvent arrêtés avec notre bateau à moteur en explorant le lac Mälar en été.

Quand Gunnar Björck, ami de Bjurman et chef adjoint à la brigade des étrangers à la Säpo, cherche à se cacher dans le troisième volume, il va se réfugier à Landsort, dans un vieux phare transformé en chambres d'hôtes. Plusieurs automnes de suite, nous avons navigué au sud de l'archipel en direction de Landsort. Nous avons dû renoncer chaque fois en cours de route à cause du mauvais temps. Après avoir lutté des heures contre une mer grise et des vents contraires, on rebroussait chemin, vu le peu de distance parcourue. Dépités, et pour voir au moins une fois cette île, un été nous avons loué une chambre dans le phare et dormi là quelques jours.

Dans la dernière partie de *La Reine dans le palais des courants d'air*, Mikael a une liaison avec Rosa Figuerola, la superbe inspectrice de police qui travaille à la Säpo sur le dossier Lisbeth Salander. Il va la chercher à l'appontement du bateau à vapeur de Sandhamn où il séjourne dans sa petite cabane en bois. Le soir même, ils dînent en tête-à-tête en plein air. Alors qu'elle l'interroge sur sa véritable relation avec Lisbeth, elle suit longuement des yeux un voilier Amigo 23 qui rentre au port, lampes allumées et moteur ronronnant.

Un automne encore, c'était une période où le prix des locations baissait mais où, du coup, le temps n'était pas au mieux, nous avions loué ce joli petit bateau à voiles dont l'intérieur en bois précieux est absolument sublime. Il était très stable mais assez lourd et lent, surtout pour supporter le vent arrière que nous avions subi pendant plusieurs jours. Je tenais la barre en ronchonnant : pourquoi diable avions-nous loué cette baignoire qui semblait traîner en permanence une ancre derrière elle ! Jusqu'au jour où, brusquement, le vent s'est levé de face. A notre grande surprise, l'Amigo 23 s'est métamorphosé. Il s'est réveillé, s'est redressé en gonflant sa poitrine et, courageusement, s'est mis à fendre l'eau. Son agilité était telle que, fait remarquable, nous ne recevions pas une seule goutte de mer. Le bonheur ! Je n'arrêtais pas de caresser ses flancs pour le remercier et l'encourager. Mais il était dans son élément et n'avait plus besoin de nous. Secs et stupéfaits, nous avons glissé en un rien de temps jusqu'à l'extrémité de l'île. Nous étions sous le charme absolu de cet Amigo 23 qui méritait bien son nom.

D'où l'hommage de Stieg à ce petit bateau qui nous a offert ce moment surprenant et magique

DÉBOIRES ET MAGOUILLES DANS L'IMMOBILIER

La crise bancaire et immobilière décrite par Mikael Blomkvist et Robert Lindberg au début des *Hommes qui n'aimaient pas les femmes* est une réalité des années 1990 que, malheureusement, Stieg et moi avons très bien connue.

La crise qui a touché tous les pays industrialisés a été encore plus sévère en Suède. Après une attaque spéculative sur la couronne, la Banque de Suède a dû procéder à une dévaluation, ce qui n'a pas arrangé l'endettement des banques déjà en sérieuse difficulté.

Hausse vertigineuse des taux d'intérêt, nouveaux impôts et diminution des subventions pour la construction... le secteur de l'immobilier a plongé et beaucoup d'entreprises ont fermé ou licencié massivement. J'ai alors perdu mon job d'architecte et une période très dure a commencé pour nous.

En automne 1992, raconte Blomkvist, "j'avais des emprunts à taux variable pour mon appartement quand les intérêts de la Banque de Suède ont grimpé de cinq cents pour cent en octobre. J'ai dû me coltiner des intérêts à dix-neuf pour cent pendant un an !" C'est exactement ce qui est arrivé à la Suède, et à nous personnellement. Heureusement, mes indemnités de licenciement ont comblé en partie les 100 000 couronnes supplémentaires (10 940 euros) que nous avons dû payer pendant cette année épouvantable. Sans cet argent, nous aurions perdu notre logement. Acheté deux ans plus tôt dans un ancien quartier ouvrier, à l'ouest de Stockholm, cet appartement de cinquante-six mètres carrés, situé au dernier étage d'un immeuble sans ascenseur, et dans lequel j'habite toujours, était le premier que nous avions choisi.

C'est en 1996 que le gouvernement suédois a commencé à s'inquiéter d'une situation gravissime : à l'exception de quelques appartements coopératifs très chers, la construction d'habitations était quasiment inexistante depuis 1992. Le Parlement a alors lancé une vaste étude sur l'élaboration de projets rapides et peu coûteux, et sur la recherche de solutions globales pour rendre l'ensemble du secteur de la construction plus productif et moins cher. J'ai postulé pour faire partie de l'équipe au sein de la Délégation au coût de la construction et j'ai été recrutée. Entre 1997 et 2000, j'ai planché jour et nuit sur des questions qui m'ont toujours tenu à cœur et sur lesquelles je travaillais depuis longtemps à titre personnel. Et maintenant, j'étais rémunérée pour le faire ! Le paradis. L'enquête a donné une somme monstrueuse de plus de deux mille quatre cents pages, qui est largement évoquée tout au long du dernier tome de *Millénium*. Comme Stieg n'avait pas le temps de tout lire, pendant trois ans je lui en racontai le contenu tous les jours. Certains détails étaient comiques et édifiants.

“Tu veux faire un article sur des cuvettes de W.-C. !” s'exclame par exemple Malou Eriksson, la rédactrice en chef intérimaire de *Millénium*, dans *La Reine dans le palais des courants d'air*. Elle ne peut pas croire que Henry Cortez, spécialiste de l'investigation, ait l'intention d'écrire dans leur journal sérieux sur un sujet aussi léger. Et pourtant ! Les cartels de la construction n'avaient, eux, aucun complexe pour surestimer les prix des cuvettes et abattants de toilettes qu'ils faisaient fabriquer dans des pays d'Asie comme la Thaïlande. La description moqueuse que Stieg fait de la nature des coûts et de la façon dont ils sont fixés a beaucoup amusé mes collègues de la Délégation, qui ont souvent reconnu notre travail.

En 2000, nous avons été scandalisés d'apprendre que le cartel des bitumiers avait, depuis des années, encaissé des sommes exorbitantes pour de banals travaux de voirie à travers toute la Suède. Pis encore, l'administration nationale des Routes était impliquée dans l'affaire, ce qui a fait dire au ministre de l'Industrie de l'époque que "la situation était embarrassante" ! Stieg et moi avons alors réagi en écrivant ensemble un texte que je n'ai pas signé avec lui, à cause de notre souci de ne jamais apparaître liés l'un à l'autre. L'article, titré : "Embarrassant ? Criminel !" est paru dans le journal du soir *Aftonbladet*. Il a eu des retombées importantes puisqu'une commune a exigé le remboursement de l'argent dépensé par ses contribuables et les prix, dans ce secteur de la construction, ont chuté de plus de 25 %.

Ce résultat nous a confortés dans notre projet de travailler plus tard et ensemble sur ces dossiers-là.

VERS LA PUBLICATION

Ce jour d'automne 2003, en rentrant à la maison, je me souviens de m'être exclamée : "Ce n'est pas possible !"

Je venais de récupérer à la poste le paquet marron qui contenait le manuscrit du premier volume de *Millénium* que Stieg avait expédié pendant l'été à la maison d'édition Piratförlaget. "Ils ne sont même pas allés le chercher !" ai-je ajouté. Stieg était étonné : "Pourtant, quand je leur ai téléphoné, ce sont eux qui m'ont demandé de l'envoyer. – On ne va pas laisser tomber ! Rappelle-les et dis-leur que j'irai le déposer moi-même à leur adresse."

Quelques jours plus tard, je suis partie sous la pluie dans le vieux quartier de Gamla Stan, avec le manuscrit protégé par le même emballage marron. Un véritable pavé, au sens littéral du terme. Et j'en sais quelque chose ! Parfois, le soir, quand, complètement épuisée par ma journée, je lisais d'un trait la dernière version, allongée sur le lit et le stylo à la main, il m'arrivait de m'assoupir et de le recevoir en plein visage !

Une agréable femme blonde a réceptionné le paquet et j'ai pu confirmer à Stieg qu'il était maintenant sur le bureau de quelqu'un.

Puis plus aucune nouvelle. Plusieurs semaines ont passé avant que Stieg ne se décide à appeler.

On lui a alors expliqué que Piratförlaget n'était pas intéressé.

"Tant pis, ai-je déclaré. Ton livre est formidable, il sera publié un jour et, comme ces gens-là n'ont pas l'air de connaître l'adresse de la poste, je vais immédiatement aller le récupérer !"

Le soir même, un peu avant minuit et après l'habituel "Il y a quelqu'un ?" de Stieg, on a jeté un coup d'œil sur le manuscrit. Il était dans un état impeccable. Trop, même ! Pas un pli, pas une corne, pas une trace de doigt sur les pages... Manifestement, personne ne l'avait ouvert. Stieg a soupiré. "Je ne comprends rien." Et il a enchaîné :

"On s'en fout ! Laissons tomber... Tu veux du café ?

— Il est prêt !"

Après la mort de Stieg et le succès du livre, une femme de Piratförlaget m'a appelée, consternée. C'est elle qui avait réceptionné le manuscrit et elle m'a raconté que, par manque de personnel, de très nombreux manuscrits avaient été systématiquement écartés sans être lus.

Le tome I de *Millénium* est alors resté dans le couloir et c'est Robert Aschberg, le responsable de publication de la revue *Expo*, qui a déposé un autre exemplaire du manuscrit à la maison d'édition Norstedts. Mais pour Stieg qui, de plus en plus sensible à l'injustice, était plongé avec Cecilia Englund dans leur anthologie sur les crimes d'honneur, il y avait des événements bien plus importants. J'ai retrouvé dernièrement une lettre adressée à Stieg dans laquelle, en mars 2004, l'éditeur Hjalmarsson & Höglund acceptait de publier le premier tome de *Millénium* mais, disait-il, pas avant un très gros travail d'écriture ! Stieg n'a pas donné suite. D'autant qu'au printemps 2004

Norstedts a accepté de publier tel quel *Millénium*. Je me souviens de l'avoir annoncé par mail à l'une de nos connaissances : "Appelle Stieg pour le féliciter : il ne touche plus terre, il le mérite tellement !"

A partir du mois d'avril, j'ai commencé un nouveau job à Falun, au Centre de la Suède, à deux cent cinquante kilomètres de Stockholm. Après de nombreuses années de travail sur les moyens d'introduire des pratiques plus écologiques et efficaces dans le secteur du bâtiment, j'avais maintenant la chance de passer à l'action. A Falun, chef-lieu de la Dalécarlie, je travaillais directement avec des entreprises locales de construction et j'étais donc absente de Stockholm quatre jours par semaine. Lors d'un week-end, Stieg m'a expliqué qu'il avait signé un contrat pour les trois premiers volumes avec un à-valoir de 591 000 couronnes (environ 64 600 euros). Dans une lettre qui le lui confirmait, Norstedts lui expliquait aussi qu'il pouvait, comme beaucoup d'auteurs le faisaient, créer une société où ses à-valoir seraient versés. On lui proposait, s'il le souhaitait, qu'un administrateur de Norstedts le renseigne sur les avantages et les inconvénients des différentes formes de sociétés. Séduit par cette idée, Stieg m'a donc dit que Norstedts pouvait aider pour la création de cette société dont je serais la cofondatrice. J'imagine que c'est pour cette raison que les 591 000 couronnes ne lui ont pas été versées à ce moment-là, comme cela se fait habituellement. Pour ma part, sachant à quel point il n'avait pas les pieds sur terre, je pensais que ce n'était pas un hasard si cette maison d'édition offrait un service d'aide aux auteurs qui devaient tous être comme lui. Stieg aurait-il mal compris ce qu'on lui avait dit chez Norstedts ? Etait-il seulement question de lui apporter des conseils, et non pas de créer la société à sa place ? En tout cas, pour nous deux, il était acquis que tout ce que dorénavant l'on percevrait en dehors de nos salaires – articles, rapports, droits d'auteur de mon livre sur Hallman… – serait versé directement à cette société. Ainsi nul besoin, m'avait expliqué Stieg, de se lancer dans de la paperasserie, comme par exemple des testaments, puisque nous serions propriétaires de tout à parts égales et qu'il serait stipulé dans les statuts qu'en cas de décès de l'un, c'est à l'autre que tout reviendrait.

J'ai plus tard vérifié ces informations sur la réglementation des successions, elles sont exactes et, comme Stieg n'y connaissait rien dans ce domaine, c'est bien qu'un juriste les lui avait fournies.

De temps en temps, je lui demandais où en était la constitution de la société et il me répondait que c'était en cours et qu'il n'y avait rien d'urgent.

Une fois que Stieg a eu la certitude d'être publié, une période merveilleuse a commencé, qui compte parmi les plus beaux souvenirs de ma vie.

Quand je rentrais à Stockholm le jeudi soir, Stieg était déjà à la maison et il avait préparé le dîner. Des choses simples mais cuisinées comme, par exemple, des côtelettes et des haricots verts. Ce détail peut paraître anodin, mais il ne l'est pas. Stieg donnait enfin priorité à notre vie. Il modifiait aussi ses habitudes alimentaires. Terminés la *junk food*, les sandwichs et les pizzas. C'est la première fois qu'il prenait soin de lui. Il avait même acheté des oméga-3 ! Je commençais à retrouver l'homme que j'avais connu à dix-huit ans. Après toutes ces années de crise avec la fin de son travail à l'agence TT, la création et la difficile gestion d'*Expo* liée à l'absence de soutiens, il était enfin serein. Ses livres allaient être publiés et il était reconnu à sa juste valeur. Il soufflait.

Nous n'avions jamais été vraiment séparés au cours de ces trente-deux années qui venaient de s'écouler, aussi c'était un réel bonheur de se retrouver après une semaine loin l'un de l'autre. Il avait prévenu son entourage : "Maintenant, le week-end, je veux rester avec Eva." Me faire passer avant *Expo* était une révolution absolue.

Nous nous sommes toujours beaucoup amusés, même pendant les années terribles, mais pendant cette période il était vraiment joyeux et profondément heureux.

Nous faisions des projets sur tout.

Il était décidé à abandonner son poste de rédacteur en chef à *Expo* et à n'y consacrer qu'un mi-temps. De mon côté, sitôt ce contrat à Falun terminé, je devais aussi prendre un job à temps partiel afin qu'on puisse travailler ensemble, mêler mes connaissances à son talent d'écriture et publier d'autres livres. Nous voulions surtout nous lancer sur un sujet jamais encore exploré : le secteur de la construction. Et là, ce ne serait pas qu'un article sur les bitumiers !

Nous pensions que *Millénium* allait être un succès dans les pays scandinaves et peut-être aussi en Allemagne. A nos yeux, cette notoriété serait une protection en soi pour Stieg. Et nous pourrions nous montrer ensemble en public. De plus, l'argent gagné nous permettrait d'améliorer notre sécurité.

Stieg avait donc décidé que notre couple était maintenant prioritaire. Aussi, dans ses plans, l'argent des trois premiers tomes de *Millénium* devait améliorer notre vie et servir, d'abord, à rembourser les 440 000 couronnes (environ 48 100 euros) du crédit qui restait sur notre appartement. Ensuite, ensemble, nous avions projeté de verser les bénéfices du quatrième volume à *Expo*, pour ne plus courir après les financements et assurer la pérennité de sa parution ; ceux du cinquième seraient investis dans la création de centres d'accueil pour les femmes victimes de violence. Pour les autres volumes, nous avions le temps de réfléchir.

Il était très fatigué, et rien d'étonnant à cela : outre finaliser le premier tome de *Millénium* avec Norstedts, il poursuivait son travail chez *Expo* et continuait à donner des conférences. Ainsi, en juin, il s'était rendu à Paris avec une délégation suédoise mandatée par le ministère de la Justice, pour une réunion organisée par l'OSCE sur les crimes de haine sur Internet. Notre rêve absolu, je l'ai déjà évoqué, était de posséder enfin notre propre cabane sur une île. Ce serait "notre petit chalet d'écriture", on l'appelait ainsi, où l'on se retirerait régulièrement pour travailler. Grâce à la publication de *Millénium*, ce rêve devenait enfin possible. Dans notre esprit, plus qu'un lieu, c'était d'abord le symbole d'une nouvelle vie. Nos critères de choix étaient simples. Stieg voulait un café et des journaux à proximité. Et moi, que la maison soit simple à entretenir et saine. Notre exigence commune se limitait à deux banquettes. Pourquoi ? A la maison, la bataille pour l'unique banquette du salon prenait des proportions cocasses. On pouvait s'y allonger tête-bêche mais, dès que l'un de nous deux se levait, l'autre s'étalait ou, pire, raflait la place dans le coin du mur. A part ce détail de la plus grande importance, on voulait une cabane grise et pas rouge, comme habituellement en Suède ; et un toit en pente recouvert d'une plante de la famille des Crassulacées, le sedum, qui donne des fleurs, mais surtout dont les feuilles très grasses isolent du froid et de la chaleur. Je souhaitais aussi utiliser de nouvelles techniques de construction, comme un sol en caoutchouc compact et très isolant. Durant des semaines, on a imaginé notre paradis en le dessinant chacun de notre côté et en comparant nos projets durant le week-end. Parallèlement, on cherchait un terrain. A l'automne, j'ai exécuté sur l'ordinateur l'esquisse finale de notre cabane afin de l'envoyer au mois d'octobre à une usine spécialisée dans la construction de maisons écologiques, pour obtenir un devis. J'avais réussi à caser nos deux fameuses banquettes, et même un coin pour les invités.

Le dernier été avec Stieg fut complètement différent des autres. Comme nous avions du temps, il nous a semblé important de faire le tour de nos amis. Après la mort de Stieg, eux et moi, nous avons été heureux de n'avoir pas repoussé ce projet à l'année suivante. Transformée en véritable agence de voyages ambulante, je me suis occupée de l'itinéraire et de l'organisation du transport et du logement. Ma sœur Britt nous a accompagnés en Scanie, à Göteborg et dans les îles Koster. C'est au cours de ce voyage que j'ai découvert à quel point Stieg était fatigué. Par exemple, quand Britt et moi partions en promenade, lui, contrairement à ses habitudes, préférait rester à l'hôtel et lire les journaux. Mais il n'y avait rien de spécialement alarmant. Pour ses cinquante ans, qu'il avait fêtés à la mi-août, ma sœur avait voulu lui offrir un check-up complet. Mais comme nous n'étions pas du genre à consulter un médecin si nous n'étions pas malades, mon frère, ma sœur et moi avions finalement opté pour un lecteur de DVD. Deux mois plus tard, nous le regretterions terriblement.

Cet été-là, Stieg et moi avons terminé notre périple à notre habitude, dans un petit chalet de location de l'archipel de Stockholm.

A la fin du mois d'août, un soir où, chez nous, nous étions serrés sur notre banquette, il m'a demandé timidement, comme s'il craignait un refus : “Et si on se mariait maintenant ?” Je me suis montrée enchantée et aussi un peu gênée sous le coup de la surprise. On s'est dit qu'à l'automne, on ferait une grande fête pour nos cinquante ans et que l'on révélerait à nos amis que c'était, en réalité, une fête de mariage. Depuis un voyage à Lisbonne en 2001, on gardait pour nos cinquante ans à tous les deux une bouteille de porto "Quinta do Noval 1976". Mais on n'a pas eu le temps de faire ni mariage ni fête. On retrouve cette bouteille dans le nouvel appartement de Lisbeth Salander dans le tome II de *Millénium*. Elle est aujourd'hui dans ma cuisine. Je ne l'ouvrirai jamais.

Pendant ce dernier été, la mer nous a accompagnés partout. Ces horizons toujours renouvelés nous semblaient le symbole de tous les changements, et de notre future vie. Oui, en effet, ma vie a changé. Malheureusement.

NOVEMBRE 2004

Lundi 8 novembre

Ce jour-là, comme toujours, Stieg était en retard. En fin de matinée, il est sorti prendre son petit-déjeuner dans un café, son autre habitude, avant de se rendre à *Expo*. Je l'ai embrassé pour lui dire au revoir. Il était en pleine forme. Vers 19 h 45, en quittant Stockholm, je lui ai téléphoné de la gare pour lui faire un petit coucou avant le départ du train. Il allait très bien. Trois heures plus tard, j'arrivais à Falun. C'était l'hiver, la nuit était profonde et je devais traverser de petites rues mal éclairées. J'avais toujours une bombe antiagression sur moi. Sitôt arrivée, j'ai appelé Stieg pour lui dire que tout allait bien. C'était un rite entre nous, ça le rassurait. Il n'avait rien de spécial à raconter. "Je t'embrasse, bonne nuit."

Mardi 9 novembre

Après le déjeuner, je reçois un coup de téléphone d'un journaliste d'*Expo*, Mikael Ekman. Il me prévient que Stieg a eu un malaise et me conseille, pour en savoir davantage, d'appeler au journal Richard, le secrétaire de rédaction. Richard m'explique alors qu'une ambulance a emmené Stieg accompagné par Per, notre ami depuis presque trente ans. Je joins Per qui m'apprend que c'est très grave. "Qu'est-ce que je dois faire ?" ai-je demandé. "Viens tout de suite."

J'ai immédiatement quitté mon travail pour filer à la gare et prendre le premier train. Comme il n'était pas direct, j'ai appelé à nouveau Per, à l'arrêt de Gävle. Il avait une voix bizarre : "Eva, il faut que tu te dépêches." J'ai alors téléphoné à Erland, le père de Stieg, à Umeå. Gun, sa compagne, m'a expliqué qu'il était à la bibliothèque pour des recherches généalogiques. Je l'ai avertie que Stieg était à l'hôpital, que je ne savais pas ce qu'il avait, mais que ça semblait grave et que je pensais qu'Erland devait venir à Stockholm.

Vers 19 heures, Per m'attendait à l'entrée de l'hôpital St. Göran. Il y avait cinq ou six personnes avec lui, dont Svante, notre ami psychiatre. Ils m'ont tous regardée en silence. J'ai accepté le café proposé par une infirmière et je suis allée voir le médecin qui voulait me parler. Et j'ai entendu : "Je dois malheureusement vous annoncer que votre mari est décédé." Il m'a raconté ensuite que Stieg était arrivé en très mauvais état, qu'on l'avait immédiatement conduit en radiologie mais, les clichés étant difficiles à analyser, le spécialiste avait fait amener Stieg en salle d'opération pour un examen plus poussé. Stieg a alors perdu conscience. Quelques instants plus tard, son cœur s'est arrêté de battre. Pendant plus de quarante minutes, l'équipe médicale a tenté de le ranimer. En vain.

A 16 h 22, il était déclaré mort.

En fait, il était parti avant même que je ne monte dans le train. Quand je suis revenue dans la salle d'attente, il n'y avait pas un bruit. Je les ai tous regardés : "Vous saviez qu'il était mort la dernière fois que je vous ai appelés ?" Ils ont hoché la tête.

Le médecin leur avait conseillé de ne rien me dire. On m'a demandé si je voulais voir Stieg. J'étais tellement perdue que, bizarrement, je me suis demandé : "Est-ce que je dois le faire ?" Et puis j'ai pensé que oui, sinon je n'arriverais pas à y croire. Je voulais qu'Erland, son père, soit là, avec moi. J'ai rappelé Gun. Elle était de bonne humeur : "Alors, comment va Stieg ? – Il est mort", ai-je répondu sobrement. C'est alors que j'ai appris qu'Erland avait pris l'avion. J'ai rejoint l'entrée principale pour l'attendre. Je faisais des va-et-vient entre le hall et l'extérieur en fumant presque un paquet entier de cigarettes. De plus en plus de monde d'*Expo* nous rejoignait. Certains débarquaient de l'obscurité et restaient dehors, en larmes et complètement désorientés. D'autres arrivaient dans des taxis dont ils s'éjectaient littéralement. Tous s'enlaçaient, s'embrassaient, pleuraient… Sauf moi, qui restais pétrifiée. Les gens étaient effondrés, tétanisés, perdus… Moi, j'étais simplement là, à fumer, et je ne comprenais rien. Mais en voyant cette assemblée désespérée, je me disais que Stieg avait eu de bons et merveilleux amis à *Expo*.

J'ai alors averti ma sœur, mon frère et notre grande amie Eleanor.

Quand Erland est arrivé, je suis allée à sa rencontre et je lui ai pris le bras. "Comment va-t-il ?" m'a-t-il demandé. Je lui ai annoncé que Stieg était parti, qu'on pouvait le voir s'il le désirait et que je l'avais attendu pour être avec lui. "Quand tu seras prêt, on y va", ai-je ajouté. Nous sommes restés un moment avant de nous décider. L'infirmière m'a demandé si je voulais qu'elle vienne aussi. J'ai dit oui. Personne ne savait comment j'allais réagir, ils avaient simplement prévu que je pourrais être admise dans le service psychiatrique si je m'effondrais. Nous sommes entrés, Erland et moi. L'infirmière est restée discrètement près de la porte. Je me suis assise à côté de Stieg et je lui ai pris la main. Il avait l'air paisible. Ne dormait-il pas ? Il avait l'air de dormir. Je lui tenais la main, lui caressais le bras. "Mon chéri ?" Moi, j'étais glacée d'être restée longtemps dehors. Et lui, il était encore chaud. Je lui ai dit : "Tu vois, c'est complètement fou, tu peux toujours me réchauffer." Erland était assis de l'autre côté, je ne le voyais pas. Au bout d'un moment, il est sorti de la pièce. L'infirmière aussi. Je caressais les cheveux de Stieg, son front, ses joues… exactement comme quand je devais le réveiller alors qu'il dormait profondément. Au fur et à mesure qu'il se refroidissait, je me réchauffais. Je ne réalisais toujours pas. J'imaginais qu'il allait ouvrir un œil et se mettre à chahuter, comme d'habitude. Je me souviens de lui avoir murmuré : "Mon chéri, mon amour, merci pour la vie que tu m'as donnée, merci pour tout ce que tu as fait." Et je continuais à lui embrasser la bouche et à lui caresser les cheveux. Il était maintenant glacé. Vidée, je me suis levée et, avant de sortir, je l'ai encore regardé. Il dormait. C'était incompréhensible.

Nos amis m'ont plus tard raconté ce qui s'était réellement passé ce matin-là. Quand Stieg est arrivé devant *Expo* où il avait rendez-vous à 14 heures avec Jim, un ami qu'on avait connu au moment de la Grenade en 1984, il titubait. Jim, voyant qu'il avait l'air malade, a insisté pour l'accompagner immédiatement à l'hôpital. Stieg a refusé car il voulait d'abord aller à *Expo*. Comme l'ascenseur était en panne, il a grimpé les sept étages à pied. Arrivé là-haut, il s'est laissé tomber sur une chaise. Quand Monika, la comptable du journal, et Per ont vu que son visage ruisselait de sueur et qu'il avait du mal à respirer, il leur a avoué qu'il ressentait une douleur dans le ventre. Une ambulance l'a alors emmené avec Per à l'hôpital situé à quelques pâtés de maisons. Monika a suivi avec la veste et le sac à dos de Stieg, qui contenait l'ordinateur d'*Expo*.

Quelques semaines plus tard, quand je suis retournée parler avec le médecin et l'infirmière, j'ai appris que l'équipe soignante avait été très touchée par la mort de Stieg. Ils avaient rarement vu quelqu'un partir si rapidement que sa femme ne puisse arriver à temps. Ils n'avaient jamais vu non plus autant de gens accourir. L'infirmière m'a raconté les derniers instants de Stieg. Peu après son arrivée à l'hôpital, il a repris connaissance le temps de dire : "Il faut contacter Eva Gabrielsson" et il a donné mon numéro de portable. Puis il a perdu à nouveau conscience. A jamais.

Ce soir-là, Eleanor nous a déposés, Erland et moi, à l'appartement. Tout était étrange. Il restait la moitié du dernier repas de Stieg, un vieux hot-dog et une boisson chocolatée achetée au kiosque à journaux. Erland ne voulait pas se coucher, il répétait sans cesse que ce n'était pas normal, que les enfants ne devaient pas partir avant les parents. Il disait aussi qu'il fallait préparer l'avis de décès, il se demandait qui viendrait à l'enterrement et quels journaux seraient susceptibles de parler de la mort de Stieg. Lui aussi était sous le choc. C'était insupportable. Heureusement, Eleanor m'a appelée pour me proposer de venir dormir chez nous. J'ai accepté avec reconnaissance. Erland s'est installé dans le bureau de Stieg, Eleanor sur la banquette du salon et moi dans notre chambre. Le lit était encore défait.

Mercredi 10 novembre

A 7 heures du matin, ma sœur Britt est arrivée de Göteborg par le premier train. Erland faisait les cent pas dans le salon en répétant l'avis de décès à voix haute. Il changeait sans arrêt de version et nous demandait notre avis. J'étais pétrifiée, je restais silencieuse, le regard fixe, prête à exploser. Britt a compris qu'il fallait emmener Erland et elle est partie avec lui marcher jusqu'à *Expo*. Elle a emporté le sac à dos de Stieg avec l'ordinateur, que j'avais rapporté la veille de l'hôpital. Il contenait aussi son agenda dont ils auraient besoin pour tenir, aujourd'hui, la conférence de rédaction.

Tout l'après-midi, des gens ont appelé et défilé en apportant des fleurs. La maison était remplie de bouquets et de sonneries. J'avais l'impression d'être dans un cimetière, l'odeur était de plus en plus entêtante. Les amis étaient réunis autour de la grande table du salon. Le café, les fruits, les gâteaux circulaient. On arrivait à me faire boire une gorgée ou avaler une bouchée, j'étais comme un automate.

Les amis chuchotaient et me parlaient gentiment. Ils étaient là et je leur en étais reconnaissante. Une proche est arrivée avec une caisse remplie de victuailles et s'est effondrée dans mes bras. Mais elle a dit la phrase la plus sensée de la journée : “Heureusement qu'il est mort comme ça et qu'il n'a pas été assassiné comme tu en avais tellement peur. Imagine que tu doives, en plus, haïr quelqu'un toute ta vie !” Comme c'était vrai !

Quand Erland est revenu avec Britt, il a été surpris de voir tant de monde. Il ne connaissait personne et est resté en retrait. Le soir même, il rentrait à Umeå. Joakim, le frère de Stieg, ne m'a pas appelée.

La veille, quand j'attendais Erland devant l'hôpital et que les gens d'*Expo* étaient rassemblés, j'avais entendu Richard dire : "C'est foutu maintenant. *Expo*, c'est terminé !" *Expo* fini ? Stieg se serait donc battu pendant des années pour rien ? *Expo* ne pouvait pas disparaître aussi. C'était impossible. J'étais abasourdie et désespérée. Richard étant le successeur de Stieg, s'il déclarait forfait, tout s'arrêterait. J'ai appelé Mikael Ekman, un des piliers d'*Expo* et notre ami :

"Richard baisse les bras. Ce n'est pas possible. *Expo* ne doit pas fermer. Sinon Stieg se sera tué à la tâche pour rien. Tu dois faire quelque chose.

— Je serai là demain."

Ainsi, *Expo* a redémarré l'après-midi du 10 novembre avec une réunion historique. Tous ceux qui avaient collaboré au journal, ne serait-ce qu'une fois, se sont présentés spontanément. Il y avait tellement de monde que le nombre de chaises n'était pas suffisant. Les gens étaient debout, appuyés le long des murs. Mikael a dirigé la réunion, lui aussi debout. Il a communiqué toutes les informations notées dans l'agenda de Stieg : les dates des réunions et la deadline des articles. Monika s'était installée sur une chaise à côté de Mikael avec une boîte de mouchoirs en papier sur les genoux. Elle les lui passait au fur et à mesure qu'il parlait car des larmes coulaient sans discontinuer sur ses joues. Chacun a pris ensuite un coin de bureau pour s'installer. Certains pleuraient, mais tous se sont mis au travail.

Le soir, Mikael est venu nous retrouver à la maison et il a simplement dit : "Ça s'est bien passé." On a bu du vin et du whisky jusqu'à 3 h 30 du matin. On n'arrivait pas à parler de la mort de Stieg. Mais grâce à l'alcool, on a réussi à parler tout court.

J'étais soulagée qu'*Expo* continue. En dehors de ça, je n'éprouvais rien.

En Suède, les enterrements ont lieu plusieurs semaines après le décès. Pour celui de Stieg, nous avons dû attendre encore davantage car des gens voulaient venir de partout, d'Angleterre, d'Allemagne, des Etats-Unis… J'ai choisi le 10 décembre, jour de la remise des prix Nobel. Il serait ainsi plus facile de cacher l'enterrement au cas où des extrémistes voudraient se faire remarquer.

LES JOURS D'APRÈS

Pour fuir la réalité, je me suis concentrée sur ce qui se passait à *Expo*. Je voulais tout faire pour que le journal continue. Je ne parle pas d'argent, mais de l'état psychologique de tous. Ils étaient tellement choqués que je craignais par-dessus tout qu'ils ne se découragent. J'en ai discuté avec une amie qui travaille dans la police. Elle m'a donné raison et m'a communiqué les cordonnées du thérapeute avec lequel ils avaient l'habitude de travailler. Plus tard, comme les gens d'*Expo* ont refusé de se faire aider, j'ai parlé avec chacun d'entre eux pour m'assurer qu'ils n'avaient besoin de rien ni de personne. Ce soir-là, j'ai dormi pour la première fois sept heures d'affilée.

J'étais un animal qui se mouvait à l'instinct. Cet état fonctionnait comme une protection et mettait à distance toute personne nuisible autour de moi. J'avançais comme un véritable zombie. Chaque matin, je me réveillais en pleurant. La nuit, je ne rêvais pas. C'était le noir absolu. L'animal en moi me rendait nerveuse, j'étais sans cesse en mouvement. Je marchais beaucoup, mais toujours accompagnée car je n'osais plus sortir seule. Je ne reconnaissais pas celle que j'étais devenue et je ne savais pas de quoi elle serait capable, envers moi ou ceux que je croisais. Comme un animal poursuivi, je ne me nourrissais que de petites choses attrapées au passage : des dattes, des noix ou des fruits.

Dans les jours suivants, Svante Weyler, de la maison d'édition Norstedts, est venu à la maison pour me présenter ses condoléances. Il m'a demandé si j'allais hériter de Stieg et si les livres pouvaient être publiés comme prévu. J'ai répondu qu'évidemment les livres devaient sortir. Pour le reste, nous étions concubins.

Le sixième jour, Britt est rentrée à Göteborg. J'ai alors quitté mon lit pour me coucher sur la banquette du salon afin de surveiller le couloir et la porte d'entrée, comme un animal aux aguets. A partir de là, je me suis arrangée pour rester seule. Je voulais rassembler mes esprits, me retrouver et ne pas être sans arrêt distraite par des visites. Je restais couchée toute la journée, sans dormir, sous une couette et plusieurs couvertures car j'avais tout le temps froid. Je ne prenais aucun médicament ni somnifère. Je n'en avais pas et n'en voulais pas.

Le 17 novembre est le jour de mon anniversaire. C'est aussi le jour où j'ai trouvé le lieu de sépulture pour Stieg. De retour en ville, j'ai bu un café avec une amie et, pour la première fois, j'ai pleuré ouvertement. De soulagement. Enfin, j'avais découvert le bon endroit. A ma propre stupéfaction, j'ai dit : "Je peux vivre avec ça." Oui, j'ai dit ça. L'après-midi, j'avais un rendez-vous avec l'assistante sociale de l'hôpital de St. Göran et j'ai parlé avec elle des moyens d'aider les gens d'*Expo* à traverser cette période terrible. J'ai compris que, comme pour moi, il ne fallait pas trop les assister afin qu'ils puisent leur force en eux-mêmes. Le soir, deux amis sont passés pour mon anniversaire avec le repas et du bon vin. Cette nuit-là, je me suis sentie comme un animal écrasé qui n'attend qu'une chose : qu'on mette fin à ses souffrances.

Le lendemain, je me suis réveillée vers 7 heures en pleurant. J'ai mangé un peu de porridge, une habitude prise quand ma sœur est partie. Le soir, je me préparais une soupe, mais je n'arrivais pas à l'avaler. Cet après-midi-là, je suis enfin allée chez un médecin qui m'a prescrit aussitôt un congé maladie. Sur l'ordonnance, il a écrit : “Choc grave, deux mois d'arrêt de travail.” Je pensais qu'il exagérait. Je n'avais pas conscience de mon état. J'ai refusé ses médicaments.

L'après-midi, à *Expo*, j'ai parlé avec la petite équipe régulière de dix personnes qui travaillait avec nous. Ils ne voulaient toujours pas voir le thérapeute dont je leur avais parlé. Ils avaient tous quelqu'un dans leur entourage.

Les jours suivants, j'ai essayé de régler nos factures en cours, mais je n'arrivais pas à compter de tête, comme je le faisais toujours. Il m'a fallu une machine à calculer. Les chiffres sautaient devant mes yeux. L'animal que j'étais n'avait manifestement pas besoin de savoir compter.

J'ai aussi tenté de lire l'essai de Carl Laurin sur Carl Larsson, le dessinateur, illustrateur, peintre et aquarelliste. Mais je n'arrivais qu'à suivre les lettres les unes après les autres et j'étais obligée de revenir sans arrêt à la phrase précédente. Au bout de la cinquième page, j'ai tout arrêté. L'animal ne voulait pas lire non plus. Pourrais-je à nouveau travailler ?

Le 26 novembre, Svante Weyler m'a téléphoné et, au cours de la conversation, m'a proposé de laisser les juristes de Norstedts s'occuper de la succession. Ils étaient les mieux placés pour ça.

"L'important, c'est que la solution soit décente", ai-je dit. Le mercredi 1er décembre, Eva Gedin, de Norstedts aussi, m'a appelée pour me dire que le livre de Stieg était vraiment formidable, qu'il y avait plusieurs possibilités de couverture et qu'elle m'invitait à aller les regarder. Elle a ajouté que Stieg leur était devenu très proche alors même qu'ils ne savaient presque rien sur lui. Je lui ai répondu que j'espérais que la cérémonie funéraire, la commémoration et la réunion qui suivraient rattraperaient un peu les choses.

LES ADIEUX

10 décembre 2004

Le matin, je me suis réveillée très tôt. De cette journée et des suivantes, il me reste l'impression d'un brouillard, et je ne garde que des bribes de souvenirs. Je n'ai rien noté dans mon journal, comme si je n'étais pas là. La cérémonie funéraire, dans une petite chapelle, était réservée aux proches mais pas la commémoration qui, elle, était semi-officielle.

C'était un joli jour de décembre, ensoleillé, sans neige et avec un petit vent très doux. Des policiers étaient discrètement postés partout. En Suède, il est obligatoire de consigner les heures et dates des funérailles sur des fichiers informatiques publics. Comme nous avions peur que des extrémistes de droite perturbent la cérémonie, l'employé des pompes funèbres et l'équipe d'*Expo* ont tout fait pour sécuriser la journée.

Erland, le père de Stieg, est venu en avion avec sa compagne, Joakim, le frère de Stieg, sa femme Maj et leurs deux enfants. Ils étaient étonnés en voyant la cinquantaine d'invités présente puisqu'ils pensaient qu'il n'y aurait que des proches. J'ai expliqué que justement c'était des proches, et qu'il en manquait beaucoup car tous n'avaient pas pu se déplacer, surtout ceux qui étaient à l'étranger.

Pour la commémoration qui se déroulerait dans le centre-ville au siège de l'ABF (Association pour la formation des travailleurs), j'avais choisi dix-huit orateurs pour parler de Stieg, dont Graeme Atkinson, de *Searchlight*, et Mikael Ekman, d'*Expo*.

Comme j'étais censée parler moi aussi, la veille j'avais essayé d'écrire un texte, mais les mots ne venaient pas. Pourtant, je devais le faire. J'avais donc décidé de montrer combien Stieg était tendre en lisant la lettre qu'il m'avait adressée en 1977 de son lit d'hôpital à Addis, où il avait failli mourir. Il écrivait à quel point il m'aimait et qu'au retour, il voulait qu'on vive ensemble. Mais je ne retrouvais pas cette lettre. Tout l'après-midi, j'ai remué en vain l'appartement. Tard dans la soirée, après avoir fouillé tous nos placards, j'ai découvert dans une de nos réserves un gros carton avec, à l'intérieur, une petite boîte remplie de lettres. Sur une enveloppe kraft, il y avait ces mots : "A ne pas ouvrir avant ma mort. Stieg Larsson."

L'enveloppe renfermait deux lettres datées du 9 février 1977. Stieg avait alors vingt-deux ans et il était à Stockholm en route pour l'Afrique. Cela peut paraître extravagant, mais je n'avais jamais vu cette enveloppe auparavant. Il l'avait laissée avec des affaires chez l'ami qui l'avait hébergé à Stockholm, avant son départ. Depuis, elle avait suivi tous nos déménagements et Stieg l'avait sans doute complètement oubliée.

J'avais trouvé cette enveloppe d'une manière tellement incroyable que j'ai levé les yeux vers le ciel et remercié Stieg. Je ne crois pas en une vie après la mort. Mais j'accepte la dimension spirituelle de certains événements. Quand on a vécu autant de temps ensemble, l'autre devient une partie de soi. Parfois, j'imagine Stieg dans un hamac, me souriant et me faisant un petit salut. Pourtant, nous n'avons jamais eu de hamac ! Mais c'est comme cela que je le vois aujourd'hui, enfin paresseux et nonchalant.

La première lettre, qui portait le mot "Testament", était destinée à ses parents. Il leur demandait de me laisser ses effets et ses écrits personnels, et tout ce qui concernait la politique. En revanche, ses livres de science-fiction devaient être remis à mon frère. Stieg avait signé de son nom, mais le testament n'était pas certifié. La deuxième lettre m'était adressée.

J'en ai lu des extraits pendant la commémoration.

Eva mon amour,

C'est fini. D'une manière ou d'une autre, tout a une fin. Tout finit un jour. C'est peut-être l'un des faits les plus fascinants de tout l'univers que nous connaissons. Les étoiles meurent, les galaxies meurent, les planètes meurent. Et les gens meurent aussi. Je n'ai jamais été croyant mais, le jour où j'ai commencé à m'intéresser à l'astronomie, je pense que j'ai laissé derrière moi ce qui me restait de peur de la mort. J'ai réalisé alors combien l'être humain, un seul être humain, moi, est infiniment petit par rapport à l'univers… Bon, je n'ai pas écrit cette lettre pour te faire un profond exposé philosophique ou religieux. J'écris cette lettre pour te dire "adieu". Je viens juste de te parler au téléphone. J'ai encore le son de ta voix dans mon oreille. Je t'imagine devant moi… une belle image, un beau souvenir que je garderai jusqu'à la fin. A l'instant même, en lisant cette lettre, tu sais que je suis mort.

Il y a des choses que je veux que tu saches. En partant pour l'Afrique, je sais ce qui m'attend. Je sens même que ce voyage peut entraîner ma mort, mais c'est une chose que, malgré tout, je dois vivre. Je ne suis pas né pour rester dans un fauteuil. Je ne suis pas comme ça. Correction : je n'étais pas comme ça... Je ne vais pas en Afrique uniquement comme un journaliste, j'y vais surtout pour accomplir une mission politique, et c'est pour cette raison que je pense que ce voyage peut entraîner ma mort.

C'est la première fois que je t'écris, mais je sais pourquoi : je t'aime, je t'aime, t'aime, t'aime. Je veux que tu le saches. Je veux que tu saches que je t'aime plus que je n'ai jamais aimé personne. Je veux que tu saches que je suis sérieux en écrivant cela. Je veux que tu te souviennes de moi mais je ne veux pas que tu me pleures. Si je comptais vraiment pour toi, et je sais que c'est le cas, tu dois probablement souffrir en apprenant ma mort. Mais si je comptais vraiment pour toi, je ne veux pas que tu souffres. Ne m'oublie pas, mais continue à vivre. Vis ta vie. La souffrance va passer avec le temps, même si c'est difficile à imaginer maintenant. Vis en paix, mon cher amour, vis, aime, hais et continue à te battre...

J'avais un tas de défauts, je le sais, mais j'espère aussi quelques qualités. Mais toi, Eva, tu as provoqué en moi un amour si grand que je n'ai jamais vraiment pu te l'exprimer...

Redresse-toi, rentre le ventre, tiens-toi droite. OK ? Prends soin de toi, Eva. Va boire un café. C'est fini. Merci pour les bons moments que l'on a eus. Tu m'as rendu heureux. Adieu.

Je t'embrasse, Eva.

De la part de Stieg, avec amour.

Je ne sais toujours pas comment j'ai trouvé la force de lire cette lettre. Je ne regardais personne, mais on m'a raconté que beaucoup ont pleuré en m'écoutant.

Après la commémoration, vers 17 heures, je suis rentrée pour préparer une soupe afin que la famille de Stieg et la mienne se retrouvent dans le calme après cette journée noire. Les Larsson sont restés un moment autour d'un café avec nos amis et des collaborateurs d'*Expo*. A la maison, Joakim m'a reproché d'avoir refusé que Norstedts paie la cérémonie. Ce n'était pas mon avis. Stieg était mon compagnon, et c'était donc à moi d'assumer. Cette soirée est la deuxième et dernière fois où Joakim est venu chez nous. Il a réclamé des souvenirs de leurs grands-parents maternels, chez qui Stieg avait passé toute sa petite enfance. J'ai retrouvé un petit coffret bleu en bois avec des décorations traditionnelles, dont la grand-mère se servait pour ranger son matériel de couture, et un autre, en bronze, qui venait de Corée et qui appartenait au grand-père. Il a emporté les deux et est rentré en fin d'après-midi à Umeå avec sa famille. Erland et Gun, eux, sont restés à Stockholm pour assister à une réunion que j'avais organisée vers 19 heures au bar du théâtre Södra, pour boire un verre et évoquer Stieg avec nos amis, nos familles et même Norstedts. Erland répétait tout le temps qu'il ne voulait rien de l'héritage de Stieg.

Quelques jours plus tard, Stieg était inhumé. Nos amis étaient présents. Le 22 décembre au matin, j'ai fait un geste important. Dans une céramique noire d'Eva-Marie Kothe, fabriquée à Gotland sur un modèle viking, j'ai placé tout ce que j'avais perdu, notre amour, notre tendresse et nos rêves. Une photo où, allongé sur un rocher, il me regarde en souriant ; une autre, prise à Önnersmark devant une cabane, où il tient délicatement contre sa poitrine un bébé lièvre trouvé dans les rhubarbes – il adorait les animaux, et en particulier les bébés ; une autre encore, la plus belle et ma préférée, où, beau, bronzé et séduisant, il me regarde derrière l'objectif, une cigarette à la main, détendu, comme en attente de quelque chose. Et enfin un portrait où, penché en arrière, il plisse les yeux à cause du soleil. J'ai aussi glissé l'esquisse de notre cabane qu'on avait dessinée durant le dernier été. La dernière et la bonne, qu'il m'avait demandé de regarder une dernière fois avant que je ne l'envoie à l'usine spécialisée en habitat écologique. Il avait tiré une chaise, s'était installé à côté de moi et on s'était amusés à imaginer comment on allait meubler notre "petit chalet d'écriture". Il était transformé, chaleureux, câlin, détendu, heureux de ce nouvel avenir qui s'annonçait plus intime et serein. Il m'était revenu comme avant et, pour moi, c'était comme un second coup de foudre.

Et puis j'ai ajouté des numéros de téléphone de chambres à louer, que j'avais notés pour qu'il puisse prendre une semaine de vacances et continuer tranquillement le quatrième tome de *Millénium*, ou corriger les trois premiers. Souvent, je le découvrais en train de pouffer de rire sur la banquette du salon : "Tu ne devineras jamais ce que Lisbeth est en train de mijoter !" Il se mettait ensuite à écrire, à modifier un détail avec ce qu'il m'avait demandé de chercher dans ma documentation. J'ai posé la céramique pleine de nos vies sur une étagère. Et derrière, j'ai glissé des feuilles de papier que j'avais achetées à Kvarnbyn. Sur une page bleue, j'ai écrit ce que j'avais perdu et, sur une jaune, ce que je désirais maintenant : "Survivre un an."

LA VENGEANCE DES DIEUX

Dans *Millénium,* Lisbeth Salander marque son corps avec des tatouages pour se rappeler tous ceux qui lui ont fait du mal et dont elle veut se venger. Chez moi, ils sont gravés dans ma mémoire.

Plusieurs semaines après la disparition de Stieg, je n'arrivais toujours pas à trouver les mots, même dans ma tête, pour exprimer la rage que je ressentais face à cette mort injuste et à l'encontre de ceux qui, directement ou indirectement, consciemment ou inconsciemment, y avaient contribué.

Stieg et moi avions rêvé de changer le monde, milité, sacrifié beaucoup de choses pour nos combats, et aujourd'hui j'avais l'impression d'un échec monumental.

J'ai repensé à toutes ces années de frustration qui avaient blessé l'homme de ma vie, toutes ces années pendant lesquelles certains avaient refusé de reconnaître ses compétences, ses connaissances et sa valeur. J'ai ressassé son amertume de n'avoir pas été accepté comme journaliste à TT, ses espoirs déçus, ses peurs, ses attentes, ses révoltes contre l'injustice, et toutes les promesses non tenues. J'ai revécu ses angoisses et son découragement quand, après son départ de TT et malgré toute l'énergie qu'il déployait pour trouver de l'argent chaque mois, il craignait à tout moment de voir *Expo* disparaître.

Je me suis souvenue de lui épuisé, rentrant très tard le soir, dormant de moins en moins et d'un sommeil de plus en plus agité. J'ai replongé dans cette période terrible où, à cause du stress, il souffrait d'une inflammation chronique et douloureuse des gencives, pour laquelle un médecin lui avait prescrit des médicaments très forts. Stieg me parlait évidemment de ses problèmes pour avoir des conseils, mais la décision lui appartenait. La pression venait de toutes parts. J'étais submergée par cette vague terrible de souvenirs noirs, mon désespoir était immense et je n'arrivais pas à le formuler.

Je me suis alors tournée vers la mythologie. Je pressentais que c'est là que je pourrais trouver une forme d'expression violente, crue et réaliste, à la mesure de ma douleur. Nous avions beaucoup de livres dans ce domaine et j'ai découvert ce que je cherchais dans l'*Edda*, un ensemble de poèmes en vieux norrois, l'ancêtre des langues scandinaves actuelles, et en particulier dans le *Hávamál* (*Les Dits du Très-Haut* ou *Les Paroles du Très-Haut*). J'ai compris que la catharsis passerait pour moi par l'écriture d'un *nið* (prononcer *nid*), ou libelle, que je lirais au cours d'une cérémonie magique.

Je l'ai fixée au 31 décembre.

Dans la mythologie scandinave, ce texte, rédigé en poésie scaldique, la plus complexe peut-être jamais créée en Occident, est une sorte d'imprécation et de malédiction lancée sur ses ennemis. Elle était lue ou gravée en alphabet runique sur un pieu en bois de noisetier – appelé "bâton d'infamie" –, qui était enfoncé dans la terre et sur lequel on plantait la tête d'un cheval sacrifié que l'on tournait vers son ennemi mortel. Si l'origine de ce rite se perd dans la nuit des temps, on le retrouve jusqu'au Xe siècle environ dans les sagas islandaises. On raconte que, dans les années 1980, des

Islandais l'auraient utilisé contre les occupants de la base militaire de Keflavik, accordée aux Etats-Unis après l'adhésion de l'Islande à l'Otan en 1949. Les Américains auraient moyennement apprécié le fait de découvrir au réveil la tête d'un cheval ensanglantée fichée sur un pieu, crinière au vent et rictus définitif ! Ils ne sont partis qu'en 2006 mais, si la cérémonie a vraiment eu lieu, elle a dû au moins faire du bien à ceux qui l'ont organisée.

Dans la journée du 31 décembre 2004, Britt et moi, nous sommes parties nous promener le long de la rue Montelius, vers le Slussen. Avant de rentrer à la maison sur l'île de Reimersholme, nous avons acheté du vin et un gigot d'agneau. Cette île, dans le centre de Stockholm, a abrité pendant plus de cent ans une distillerie d'eau-de-vie destinée à la fabrication de l'aquavit, la boisson préférée des Suédois. Reimersholms est aujourd'hui comme un nom commun qui désigne les dix-huit variétés de schnaps. Que Mikael Blomkvist boive de l'eau-de-vie Reimersholms dans *Millénium* est bien sûr un petit clin d'œil complice à notre île. Pendant que le ragoût d'agneau à l'ail mijotait, je me suis isolée pour terminer mon *nið*. J'étais tendue, car je voulais qu'il soit prêt à temps et parfait. Pour m'aider, Britt a appelé l'un de ses amis, un chercheur islandais, pour lui demander si l'écriture d'un *nið* répondait à des règles précises. A l'autre bout du fil, il y a eu un petit moment de silence : "Tu veux bien dire *nið* dans le sens de «libelle» ? – Exactement. – OK. Tu as de la chance, ma famille est là, je vais les interroger." Puis il a indiqué à ma sœur qu'à leur connaissance, il n'y avait pas de règles particulières quant aux rimes ou au nombre de syllabes. En revanche, a-t-il précisé, il y avait une obligation de limiter la malédiction dans le temps jusqu'à ce que l'ennemi change d'attitude et reconnaisse ses fautes.

Soulagée, je me suis remise au travail et j'ai écrit que je maudissais les ennemis de Stieg jusqu'à ce qu'ils prennent conscience de leurs actes.

Le *nið* était prêt à 20 heures, juste avant l'arrivée des invités. Le dernier a sonné vers 22 heures. En tenue de soirée, il s'était échappé d'un réveillon chic. Vers 22 h 30, nous sommes sortis de l'appartement pour nous diriger vers la pointe de Reimersholme, qui avance dans le lac Mälar. Il ne faisait pas très froid, puisque la température n'était pas descendue sous zéro. Il n'y avait pas de neige et, dans la nuit noire, on voyait briller les fenêtres des maisons où se déroulaient les dîners de réveillon. Je me suis appuyée contre une barrière en bois, dos à l'eau. Derrière moi, de l'autre côté de la rive, se trouve la maison d'Eleanor et le ponton où j'avais l'habitude d'amarrer le bateau à rames qui appartient à la copropriété et avec lequel je venais la voir. Devant moi se dressaient l'arbre sous lequel on s'asseyait souvent la nuit avec un thermos de café chaud et le talus où l'on pique-niquait l'été. Sous mes yeux, les souvenirs heureux défilaient. C'était un moment calme, serein et émouvant. De son sac à dos, un des invités a sorti de grosses bougies qu'il a allumées et posées sur la barrière en bois. Puis, à ma grande surprise, il a encore dégagé un flambeau qu'il a tenu, enflammé, à la main. Avec ce feu, le rituel païen était respecté ! Tous les amis présents savaient autant que moi à quoi correspondait cette cérémonie. J'ai alors lu lentement et très distinctement le *nið* que j'avais écrit. Et j'ai enfin réussi à exprimer ce que je ressentais :

Je lis un nið *pour Stieg*
Je lis un nið *pour vous qui étiez contre lui*
Vous qui avez pris son temps, son savoir et son amitié
Sans jamais rien donner en retour

Un ami se doit d'être loyal à ses amis toute sa vie
Et de rendre cadeau pour cadeau
Les amis répondent à la raillerie d'autrui par la raillerie
Et au mensonge par l'indifférence

(Hávamál, *42*)

Un ami se doit d'être loyal à ses amis toute sa vie,
Et aussi à l'ami de ceux-ci
Mais personne ne doit être l'ami
De l'ennemi de son ami

(Hávamál, *43*)

Ce nið *est pour vous :*
Mauvais, sournois et lâches
Vous qui vous mettez au-dessus des autres
Vous qui les conduisez au malheur et à la mort

Vous les mauvais qui vouliez ôter la vie à Stieg
Vous qui planifiez, surveilliez et incitiez à la discrimination
Surtout toi, N. N.

Vous les sournois
Vous qui avez laissé Stieg s'épuiser au travail
Pour votre propre bénéfice et votre seule carrière
Surtout toi, N. N.

Vous les lâches
Vous qui avez laissé Stieg mener vos batailles
Pendant que vous encaissiez les salaires de vos postes confortables,
Vous, trop nombreux à énumérer

Vous de toute espèce
En brodequins, cravate et costume
Ce nið *est pour vous*

Je souhaite
Que Loki altère votre vue
Pour que vous ne voyiez plus que des ennemis parmi les vôtres
Et que vous vous abattiez mutuellement

Que Thor vous rende faibles
Quand vous vous livrez à la violence
Contre les vrais amis spirituels de Stieg

Qu'Odin, Urd, Skuld et Verdandi
Vous frappent de confusion
Pour que vos carrières et vos bénéfices chavirent

Que Freyr, Freyja et Baldr
Vous prennent votre joie de vivre
Et vous donnent pierres, eau boueuse et malaise
Contre pain, bière et désir

Qu'Odin envoie Hugin et Munin
Pour becqueter vos têtes
Et vous ouvrir au bon sens commun
Et chasser votre ignorance

Pour becqueter vos yeux
Et voir ce que vous faites
Sans jamais plus fermer les yeux

Pour becqueter vos cœurs
Pour que les conséquences de vos méchancetés et idioties
Vous hantent des mêmes inquiétudes et terreurs
Que vos victimes

Jusqu'à ce que vous sachiez, voyiez et sentiez,
Jusqu'à ce que vous changiez
Ce nið *perdurera*

Je sacrifie ce cheval dans le lac Mälar
Pour que ce nið *remonte dans l'eau douce à contre-courant*
Et avec le courant dans l'eau de mer
Pour atteindre toutes les terres
Et tous les mauvais, sournois et lâches

Et que ce cheval offrande
Donne du pouvoir renouvelé au nið
Dans la fonte printanière, la pluie d'été,
La grêle d'automne et la neige d'hiver
Et se déverse sur vous toute l'année
Pour vous atteindre, où que vous ayez trouvé refuge

N. N. ? Ces initiales ne correspondent pas aux vrais noms de ceux qui sont visés dans ce *nið*. Inutile de chercher à savoir qui ils sont. Mais eux se reconnaîtront. Ainsi que tous ceux qui ont contribué à l'épuisement fatal de Stieg.

Il y a plus de mille ans, à cet instant de la cérémonie, on sacrifiait un cheval en le décapitant avec une épée. A l'époque, pour les Vikings, cet animal était sacré. C'était leur ami, leur compagnon et le gage précieux de leur survie et de leur bonheur.

En 1987, sur un chantier que je dirigeais et qui était très compliqué à gérer, un des ouvriers, potier à ses heures libres, m'avait offert l'une de ses œuvres pour me remercier de mon travail avec l'équipe. C'était deux chevaux en céramique qui, dans la chaleur du feu, s'étaient collés l'un à l'autre. Je tenais particulièrement à ce cadeau. Il incarnait pour moi la beauté absolue, le travail bien fait, la reconnaissance de mon travail, la fraternité. J'ai séparé d'un coup sec les deux animaux en me tournant vers l'eau, et j'en ai jeté un dans ce lac traversé autrefois par les Vikings. Dans le silence qui a suivi, nous avons longuement regardé l'endroit où il a disparu, soulagés d'avoir entendu tout haut ce que chacun d'entre nous pensait tout bas. Le second cheval est toujours à la maison, mais il ne tient plus debout. Puis nous nous sommes embrassés en nous jurant de toujours prendre soin les uns des autres. Ensuite, dans l'obscurité, je suis remontée chez nous chercher des verres et du whisky pur malt. En redescendant, et avant de le servir à mes amis, j'en ai versé un peu dans le lac. L'orge, à partir duquel est fabriqué cet alcool, est aussi la nourriture des chevaux. J'ai ainsi symboliquement donné des forces à mon cheval pour qu'il accomplisse son devoir de vengeance. Et assuré ainsi, selon la mythologie, la protection du *nið*. Il était à peu près

23 h 30. En Suède, le 31 décembre à minuit, des feux d'artifice sont tirés de toutes parts et les gens sortent dans les rues. C'est un moment très joyeux. Nous avons bu ensemble et, un quart d'heure plus tard, juste avant l'arrivée de la foule, nous sommes revenus à la maison pour prolonger cette soirée si particulière. J'étais libérée et apaisée. Cette cérémonie m'avait servi de thérapie, comme *Millénium* pour Stieg. Je pouvais maintenant imaginer lui survivre.

MON JOURNAL PENDANT L'ANNÉE 2005

Tenir un journal au quotidien m'a aidée à rester dans la réalité. J'ai rempli des pages et des pages, parfois en notant même ce que je prenais au petit-déjeuner ! Avec le recul, je pense que c'était une façon de me prouver que j'étais vivante. Je ne reprends ici que des dates importantes, afin que le lecteur découvre ce que j'ai moi-même découvert avec stupéfaction au fil des mois.

Jeudi 13 janvier 2005

10 heures, réunion chez Norstedts. La maison d'édition a demandé à des juristes quelle pourrait être ma place dans la gestion de l'œuvre de Stieg. Après avoir pris connaissance de leur rapport, je signale qu'il n'y a pas la moindre mention de la société dont Stieg m'avait parlé. Choc ! J'apprends que la constitution de cette société n'a jamais commencé ! Sonnée, je répète ce que Stieg m'avait expliqué : inutile de signer un contrat de concubinage, comme nous pensions le faire en mars 2004, puisque lui et moi serions copropriétaires de cette société montée par Norstedts. Svante Weyler essaie seulement de me dire que les polars ont été vendus à la Norvège, que la négociation avec les Pays-Bas est en cours… Mais je ne veux pas entendre

parler de leur business. Je suis anéantie. Comment Stieg avait-il pu être aussi naïf ?!

Weyler me promet de prendre contact avec ma juriste, Malin, qui faisait l'inventaire de la succession, ainsi qu'avec le père et le frère de Stieg, Erland et Joakim, pour trouver une solution. Je pense : Dieu seul sait ce qui va se passer maintenant !

En rentrant, j'ai envoyé un mail à Joakim pour tout lui raconter. Il m'a répondu qu'il devait certainement exister un moyen de créer, selon les souhaits de Stieg, cette société même si c'était après coup.

Samedi 15 janvier

Message de Joakim sur le répondeur. Je le rappelle et lui raconte en détail le choc de la réunion de jeudi, quand j'ai appris que rien n'avait été fait et que, par conséquent, je n'existais pas. Pour lui, il suffisait de dire à Weyler qu'il y avait un accord oral avec Stieg selon lequel tout me revenait. Et il ajoute que Weyler avait appelé Erland qui n'avait pas su quoi dire. Le soir, Erland, à son tour, m'appelle et se dit d'accord avec moi pour que le nouveau responsable d'*Expo*, Per-Erik Nilsson, s'occupe de tout, et en particulier des relations avec Norstedts.

Le lendemain, je parle avec Per-Erik qui accepte de me représenter. Je suis profondément soulagée que quelqu'un comme lui, juriste, ancien juge, ancien chef du service juridique du Conseil d'Etat sous Olof Palme, ancien ombudsman parlementaire, prenne en charge ce que je suis incapable de gérer seule.

Nous nous rencontrerons pour la première fois le 21 janvier dans les locaux d'*Expo*, puisque j'ai recommencé à travailler à Falun depuis le 10 janvier, et que je suis absente de Stockholm quatre jours par semaine.

J'envoie un mail à Joakim pour tout lui expliquer et l'avertir que Per-Erik va prendre contact avec lui et Erland. Il me répond en me souhaitant bon courage et en me disant que j'ai raison de faire confiance à un juriste expérimenté pour débrouiller cette affaire. Il me répète qu'il doit exister un montage particulier pour recréer la même situation que si nous avions été mariés, Stieg et moi. Il conclut son mail en me demandant de prendre bien soin de moi.

Mi-février, l'inventaire de la succession est terminé. Le père et le frère de Stieg ne sont pas venus au rendez-vous.

Mardi 22 février

Toute la journée, au bureau, j'ai travaillé et réglé avec efficacité un certain nombre de dossiers. J'ai même fouillé longuement dans les directives européennes pour trouver des compléments d'information dont j'avais besoin.

Ce soir, à la maison, tout est devenu silencieux et calme. Dans ce silence, concentrée sur moi-même, je me suis mise à pleurer. Des pleurs profonds, terriblement profonds. Dans cette souffrance, il y a tout ce que j'ai perdu, et aussi un sentiment terrible d'insécurité. Pendant la journée, pas de place pour le silence, ni pour le chagrin, il est écrasé. Mais le soir il se redresse, s'étire délicatement, presque avec tendresse, et il prend toute la place.

Dimanche 20 mars

Depuis quelques semaines, j'étais décidée à consulter un thérapeute de crise mais, à la suite du tsunami de décembre dernier en Asie du Sud-Est, tous les services d'aide psychologique assurés par le conseil général sont offerts en priorité aux survivants du drame. Ce n'est que cinq mois après la mort de Stieg que j'ai enfin trouvé une thérapeute privée. Nous nous sommes vues pour la première fois aujourd'hui. Après cette longue période où je ne suis pas arrivée à exprimer ma douleur, soudain on me demande de parler. Je n'y parviens toujours pas. Je n'ai pu que peindre l'état dans lequel je me sens : une balle.

Pendant ce mois de mars, j'ai reçu plusieurs mails de Joakim me parlant de frais de succession et d'excédent de compte. Il m'a aussi annoncé que le premier tome de *Millénium* lui avait été envoyé par Weyler et il m'a demandé si je l'avais aussi. Je ne comprenais rien à ce qu'il me disait. A partir du 24 mars, je n'ai plus jamais rien reçu de lui.

Mardi 29 mars

Après le week-end de Pâques, j'ai pris deux jours et demi de vacances parce que je n'avais pas le courage de monter à Falun pour si peu de temps. Je suis restée à Stockholm pour faire des changements dans l'appartement. Je voulais enlever les livres de Stieg de son bureau qui servait aussi de chambre d'amis et réaménager cette pièce. Toute sa vie est alors repassée entre mes mains. En triant ses bouquins, sa chaleur et son insatiable curiosité sont redevenues palpables. J'ai dû m'interrompre pour pleurer. J'ai repris le rangement, mais de nouveau le désespoir s'est abattu sur moi. Une mer grise s'écoule. Je suis triste, si infiniment triste.

Mardi 5 avril

Cet après-midi, j'ai écrit un mail à Joakim pour lui dire qu'après avoir appelé l'administration des impôts pour leur demander un délai concernant la déclaration de la succession de Stieg, j'avais obtenu jusqu'au 16 juin. Un délai plus long aurait dû faire l'objet d'une demande par écrit. Je lui ai aussi expliqué que je n'avais pas encore eu le courage de faire le tri des papiers de Stieg, mais qu'il fallait pourtant retrouver tous les reçus.

J'ai ajouté que je pensais demander de l'aide au responsable du service de comptabilité au travail de Stieg, car il fallait distinguer les reçus à intégrer dans les déductions de ceux correspondant aux dépenses qu'on lui avait remboursées. Comme il l'avait déjà aidé pour les déclarations précédentes, le sujet ne lui serait pas étranger.

Je lui ai aussi confié que je voyais ma thérapeute tous les quinze jours et que c'était sûrement une bonne chose car, comme il le disait lui-même, on apprend ainsi à mieux se connaître. Et c'était peut-être primordial en ce moment où je ne savais plus trop qui j'étais.

J'ai ajouté que je n'étais pas très forte ces temps-ci et que, certains jours, j'étais obligée de rester à la maison et de ne pas me rendre à mon travail ; que Stieg me manquait à un point indescriptible mais que je savais qu'il voulait que je continue et que je ne laisse pas tomber ce qu'il avait commencé. Mais que c'était facile à dire et tellement difficile à faire, la moitié de moi-même étant partie.

J'ai conclu en lui demandant de passer le bonjour à Maj, de prendre soin de lui et de se ménager dans son travail car il ne devait pas se retrouver comme Stieg, juste parce qu'il n'arrivait pas à dire "non" lui non plus.

Je n'ai pas eu de réponse à ce mail. Un mois plus tard, j'ai compris pourquoi.

Lundi 9 mai

Ce matin, j'ai reçu une lettre des impôts avec cette mention : "Pour votre information." Je suis donc informée que, à la suite de l'inventaire de la succession et du partage de l'héritage que Joakim et Erland ont communiqué aux impôts le 14 avril dernier, tout leur revient – y compris la moitié de notre appartement. Ils donnent aux enfants de Joakim 100 000 couronnes chacun (10 940 euros) sur l'à-valoir de Norstedts et ils me laissent les meubles estimés à 1 200 couronnes (131 euros) ! Je me suis alors souvenue que, le 13 avril, j'avais téléphoné au père de Stieg, Erland, pour savoir ce qui se passait et qu'il m'avait répondu qu'il ne savait rien et que je devrais plutôt appeler Joakim qui s'occupait de tout. Il était froid et distant. Le lendemain, ils envoyaient la déclaration d'héritage aux impôts.

Quelle insulte faite à Stieg ! A sa vie, à notre vie pendant trente ans ! Je suis partagée entre la colère, l'indignation, le désespoir et la panique. Si Erland et Joakim me réclament la moitié de l'appartement qui appartenait à Stieg, je ne pourrai pas la leur racheter. Où vais-je aller ?

Avant de prendre le train pour Falun, j'ai téléphoné à Per-Erik Nilsson pour lui raconter ce fameux "Pour votre information". Il n'avait rien fait ! Il m'a alors promis d'intervenir.

Samedi 14 mai

J'appelle Svante Weyler pour lui annoncer qu'en rangeant des papiers, j'ai enfin retrouvé l'original du contrat signé par Stieg, ce document qu'il m'avait demandé avec insistance en décembre dernier. Curieusement, aujourd'hui, cela ne l'intéresse plus du tout. Il me dit même quelque chose d'incroyable : que la bonne solution aurait été que Norstedts gère l'œuvre de Stieg.

Dans les jours qui ont suivi, Britt, ma sœur, m'appelle. Elle veut que je l'autorise à parler avec Erland de cette lettre des impôts. Comme je refuse qu'elle intervienne, elle finit par lâcher : "Eva, je sais quelque chose que tu ne sais pas et que je n'ai pas voulu te dire avant, car tu n'étais pas en état de l'entendre." Le soir de la cérémonie funéraire de Stieg, le 10 décembre dernier, quelqu'un est venu voir Britt pour lui dire : "Reste vigilante, ils ont déjà parlé de tout prendre." Le portable à la main, je suis restée paralysée. Tout était donc déjà réglé.

Britt a essayé de parler à Erland. Il lui a dit que j'étais une malade mentale. La preuve ? Je voulais donner de l'argent à *Expo* ! "Et à une fondation pour la mémoire de Stieg, qu'en penses-tu ?" lui a-t-elle alors demandé. Il est resté longuement silencieux. En fait, il veut que l'on ne donne rien à personne. Conclusion : Stieg devait aussi être un malade mental, puisque c'est lui qui voulait donner de l'argent à *Expo*.

Quand ces faits ont commencé à être connus, j'ai reçu des messages formidables de mes amis. Certains se proposaient même de me servir de caution pour emprunter de l'argent et racheter la part de l'appartement qui revient à la famille de Stieg. J'ai alors réalisé que j'étais au moins riche… en amitié.

Cela fait sept mois que Stieg est parti. Je commence à peine à me relever. Aujourd'hui, avec Gruvstad, la thérapeute, on a parlé de cette croyance ancrée en moi depuis l'enfance : un grand bonheur est toujours suivi d'un malheur tout aussi intense. Elle m'a assuré que c'est faux et que je ne dois pas toujours craindre d'être punie si je me sens bien. Je suis rentrée à la maison avec une (toute) petite impression de légèreté. J'ai sorti une nouvelle lampe en verre jaune, je l'ai placée sur le rebord de la fenêtre blanc laqué et je l'ai allumée pour la première fois. J'ai ensuite monté une étagère dans le bureau de Stieg et j'y ai placé la photo en noir et blanc de lui enfant avec ses grands-parents devant leur petite maison en bois, celle de l'intérieur de leur cuisine que j'avais prise quand nous y étions retournés, et une de moi. J'ai regardé Stieg et je lui ai demandé de veiller sur moi. Je me suis alors remise à pleurer, longtemps, tête baissée.

Mardi 7 juin

J'ai reçu, *via* la Föreningsbanken à Umeå, où habitent les Larsson, ce qui reste, après qu'ils se sont servis, d'un livret d'épargne-logement de Stieg. 1 290,63 couronnes (141,24 euros). Quelle humiliation. Quel mépris. A part cet envoi, aucune autre nouvelle d'Erland ou de Joakim.

Vendredi 10 juin

Suis allée à la Handelsbanken pour sortir de notre compte commun, à Stieg et à moi, de quoi payer les 8 640 couronnes (945 euros) des juristes pour leur travail d'inventaire. Sur les 30 000 couronnes

(3 282 euros) restantes, j'en ai pris 15 000 (1 641 euros) sans prévenir la succession. Je m'en fiche. Je ne veux plus avoir aucun contact avec les Larsson.

Je voudrais obtenir un amendement législatif à la loi sur le concubinage. Je ne veux pas que d'autres subissent la même injustice que moi. J'ai téléphoné à Ronny Olander, député du Parti social-démocrate, et à Gustav Fridolin des Verts. Totalement sidéré, ce dernier m'a demandé de lui envoyer un mail détaillé.

Samedi 11 juin

Pour traiter le sol du bureau de Stieg, j'ai sorti dans le salon des piles de papiers et j'ai retrouvé des documents de la banque Ikano. J'avais complètement oublié que j'y avais transféré l'assurance-vie de Stieg. Je peux donc prendre de l'argent pour payer le voyage Falun-Stockholm et assister à la première réunion de la direction d'*Expo*, jeudi prochain. En journée, le voyage est plus cher : il passe de 26 à 69 euros. Je ne les avais pas sur mon compte et je ne toucherai pas mon prochain salaire avant deux semaines.

Le traitement du sol est une catastrophe ! Il faut que j'appelle le fournisseur du mastic qui sert à remplir les fentes. C'est extrêmement pénible de transformer cette pièce, mais je dois le faire. Je ne peux pas sous-traiter ce travail. La douleur ne se sous-traite pas. A force de déplacer ce qui me reste de Stieg, des objets, des livres, il est partout dans l'appartement. Cela me rappelle tout ce à quoi il s'intéressait, tout ce qu'il faisait, tout ce qui le passionnait… Ça m'émeut et me fait mal.

Samedi 2 juillet

J'ai de nouveau traité le sol. Ces quelques mètres de bois m'ont vue pleurer sans arrêt. Mes larmes coulaient entre les lattes du plancher sur lequel je m'échinais, à genoux. Quel enfer. Mais pourquoi n'ai-je pas fait cela du vivant de Stieg ? Il en aurait été tellement heureux. Mais c'est maintenant que je dois transformer cette pièce, j'en ai besoin pour finir mon livre sur Hallman et organiser la Fondation Stieg Larsson que j'espère pouvoir créer. Encore faudrait-il que je puisse garder l'appartement ! L'angoisse dans laquelle je vis est absolument insupportable. Per-Erik Nilsson a fait une proposition aux Larsson et à Svante Weyler de Norstedts. Il propose que je gère l'œuvre de Stieg et il a ajouté la question de l'appartement. Le silence règne. Depuis le mois de mars, rien des Larsson, rien de Norstedts.

Pendant ce mois de juillet, j'apprends qu'un *Millénium* audio est sur le point de sortir. Weyler l'avait mentionné devant moi en décembre 2004. Pourtant, il n'y avait pas de contrat à ce sujet entre Stieg et Norstedts.

Mercredi 20 juillet

Première semaine de vacances. J'ai appris que l'offre de la société de production Strix de racheter les droits cinématographiques sur *Millénium* a été rejetée par Norstedts, qui veut une société plus sérieuse. Alors, j'ai ressorti le contrat de Norstedts sur les polars de Stieg, pour vérifier s'ils détiennent réellement ces droits. Eh bien, non. Pas plus que pour le livre audio. En effet, Stieg, à la suite de conversations avec des amis et collègues dans l'édition, avait choisi de ne pas prendre Norstedts comme agent pour les droits cinématographiques. S'il devait y avoir une adaptation de *Millénium* au cinéma, il voulait ne décider que deux à trois ans après la publication du premier livre – c'est-à-dire vers 2007-2008. Stieg avait l'intention de chercher un agent et une société de production aux Etats-Unis, pour assurer au film une meilleure qualité. Aussi, dans l'unique contrat que Stieg a signé en avril 2004, il n'a pas coché la case concernant les droits cinématographiques. D'ailleurs, fait assez curieux, en dehors de l'accord qui donne à Pan Agency (une société de Norstedts) le droit de vendre les livres à l'étranger, le contrat ne concerne que les livres de poche.

En réfléchissant à cette bizarrerie, j'ai trouvé l'explication : au moment de la signature, on a présenté à Stieg deux contrats séparés à signer, sans se rendre compte que le second en comportait en fait deux, agrafés par erreur. Le premier concernait les droits pour les livres de poche, il en a signé la dernière page. Il est donc valable. En revanche, quand il a signé la dernière page du second contrat, qu'il croyait être le contrat principal d'édition, il a signé uniquement le contrat de Pan Agency. Stieg n'a donc jamais signé le contrat principal. Personne ne s'en est aperçu, ni Norstedts, ni nous.

J'ai imaginé la suite : après la mort de Stieg, quand la maison d'édition s'est rendu compte de la situation, elle a fait signer un nouveau contrat à Erland et à Joakim pour avoir les coudées franches et publier rapidement les livres. Par ailleurs, ils ont dû signer plus tard de nouveaux contrats pour permettre à l'éditeur de vendre les droits cinématographiques. Bien sûr, tout ça n'est que supposition. En tout cas, personne ne peut croire que Stieg laisserait sa famille ou sa maison d'édition gérer ses textes et son image. C'est complètement absurde. Il était trop indépendant pour ça ! D'où l'importance pour moi d'obtenir la propriété intellectuelle de toute son œuvre. Je pense surtout à ses articles pour *Expo*, pour *Searchlight*, ses livres sur l'extrême droite, etc.

J'ai terminé ma valise pour ma deuxième semaine de vacances. Demain, je pars dans l'archipel. J'ai pris 250 grammes de thé Lipton, de la moutarde, des pâtes à la tomate, du couscous, un mélange de sel et de poivre, de l'huile et du vinaigre, ainsi que du produit vaisselle, que j'ai mis dans des petits pots dénichés dans le garde-manger.

Et puis mon Koala Mac et le bloc-notes dans un classeur A4 en skaï. J'ai évidemment accroché la boussole et le couteau de survie dans ma veste Klättermusen. Et glissé la bombe antiagression dans ma poche.

Jeudi 4 août

Une grande mélancolie m'habite. Elle est apparue le 19 juillet lors de ma première semaine de vacances sans Stieg, et ne me quitte plus. Elle est partout. Palpable dans la lumière du soir d'été, tour à tour orange, or, ocre et cuivre. La vie que je connaissais est finie. Celle que j'imaginais n'existera jamais. Que tout cela se termine vite. Plutôt que d'attendre rien de particulier.

Mercredi 10 août

Per-Erik Nilsson m'a téléphoné pour savoir si j'avais bien lu sa proposition d'accord. Il a dit qu'il avait fait au mieux de mes intérêts. “Tu es sûre d’être avant tout intéressée par la gestion de la propriété intellectuelle et non par l’argent ?” Je le lui ai confirmé, une fois encore.

Vendredi 12 août

En fin de journée, Svante Weyler a fini par répondre à ma question sur les droits cinématographiques : Erland et Joakim Larsson ont effectivement signé un accord avec Norstedts. Complètement hors de moi, j’ai laissé un message à Per-Erik Nilsson pour l’avertir que, contrairement à ce qu’on lui avait dit à Norstedts, cet accord avait bel et bien été signé.

Quelques jours plus tard, je lirais dans le *Sydsvenska Dagbladet* un article annonçant que *Millénium* serait bientôt adapté au cinéma par la société de production cinématographique Yellow Bird.

Mardi 16 août

J’ai finalement appelé Joakim pour avoir des informations sur l’appartement. Il m’a proposé quelque chose d’inimaginable, disant qu’il n’y aurait plus de problèmes si on s’installait ensemble. Mais que cela ne m’intéresserait sûrement pas !

Ce n’est qu’ensuite qu’il m’a annoncé qu’ils allaient finalement me faire cadeau de l’appartement. Mais qu’il en avait tellement assez de gérer tous les papiers de Stieg qu’il fallait que je m’occupe de la paperasserie. Puis-je le croire ?

Pendant la semaine suivante, je suis montée avec Britt voir de vieux voisins à Önnesmark où j’ai grandi, pas très loin d'Umeå. On voulait voir le père et le frère de Stieg mais, chaque fois que Britt les appelait, ils disaient qu'ils étaient très occupés. Nous avons enfin pu les rencontrer dans un restaurant de la ville. Comme ils ne parlaient que de la pluie et du beau temps, j'ai coupé court en disant qu'il y avait un motif à notre rencontre : gérer au mieux l'œuvre de Stieg. Après avoir réfléchi un moment, Joakim a expliqué qu'ils craignaient que, si j'avais la gestion de la propriété intellectuelle, je n'entre en conflit avec la société de production cinématographique qui avait acheté le droit de faire évoluer les personnages. A tout ce que nous évoquions, il répondait en disant qu'il devait d'abord en parler avec Svante Weyler. Il a réaffirmé ensuite qu'ils étaient d'accord pour la donation de leur moitié de l'appartement mais que je devais m'occuper des formalités. Quand j'ai demandé quels devaient en être les termes, il n'a pas répondu. Au moment de nous séparer, près de l'arrêt de bus, Erland a commencé à m'expliquer que le problème venait du fait que je pouvais me marier un jour ou l'autre et que c'était un risque pour eux. : "C'est avec Stieg que je voulais me marier", ai-je répondu. Joakim a alors enchaîné en me proposant de me marier avec Erland car ainsi cette histoire de partage d'héritage ne poserait plus aucun problème. Je suis restée absolument tétanisée et Britt l'a fusillé du regard. Il a ajouté que, bien sûr, ce mariage serait blanc !

Mardi 23 août

Reçu un mail de Svante Weyler. Ole Sonberg, producteur de Yellow Bird Productions, la société qui a acheté l'option pour les droits cinématographiques sur les livres de Stieg, aimerait me rencontrer.

L'écriture du scénario va commencer et ils sont preneurs de toutes les informations qui pourraient les aider. Weyler dit aussi que les critiques de *Millénium* sont formidables et qu'ils ne pouvaient pas imaginer de meilleur début.

Désormais, je sais que :

– Joakim joue un double jeu.

– Erland le laisse faire, c'est le fils qu'il a toujours considéré comme le sien. Pas Stieg.

Conséquences :

– Rompre à jamais les relations avec Erland et Joakim.

– Faire comme le disait Stieg : "venger ses amis".

– M'appuyer sur d'autres pour me faire aider.

Vendredi 9 septembre

J'ai engagé Erica Striby, du cabinet d'avocats Bergquist, pour rédiger l'acte de donation de l'appartement. Elle l'a envoyé aux Larsson aujourd'hui.

Mardi 13 septembre

Svante Weyler quitte le poste de directeur éditorial chez Norstedts. Il est remplacé par l'éditrice Eva Gedin. Pas de nouvelles des Larsson.

Cela fait dix mois que Stieg est mort. Ni son père ni son frère ne m'ont demandé où il était enterré.

Dans les jours qui ont suivi, pas de réponse à la lettre de mon avocate sur la donation de l'appartement. Si Stieg savait que sa maison d'édition voulait, malgré son opposition, faire un film de ses livres, il serait furieux et réagirait violemment contre cette trahison. Mais s'il voyait ce que son père et son frère me font, il serait blessé au-delà de tout et n'aurait de cesse de se venger. M'attaquer, c'était l'attaquer.

Vendredi 7 octobre

Réunion avec les gens de Yellow Bird chez Pan Agency.

Le scénariste, Lars Björkman, commence avec une question directe : "As-tu lu le quatrième volume ?" Réponse : "Non !" Et hop, un sujet de moins !

Quelques minutes plus tard, nouvelle question : "Stieg a dû faire beaucoup de recherches. Où est sa documentation ?" Je sors alors tout un paquet de textes de Stieg que j'ai apportés. Ses livres sur l'extrême droite, son dernier article pour *Searchlight*, ses rapports pour le Crida (Centre de recherche et d'information sur la démocratie et l'autonomie), pour l'université de Tel-Aviv, pour le Crisp (Centre de recherche et d'information sociopolitiques), etc. "Vous voulez les voir ?" Comme ils parcouraient les documents, j'ai dit : "Vous trouverez là des noms, des gens, des événements, des analyses… C'est la vie de Stieg et c'est là toute sa documentation. Ses polars ne sont que la suite de son œuvre." Et une autre question de réglée !

D'autres points ont été encore abordés, comme les lieux et les adresses de *Millénium*. J'ai expliqué que, compte tenu de mon métier, c'est moi qui les avais trouvés. Les personnages, ensuite : "A part ceux que tout le monde connaît, comme le boxeur Paolo Roberto, existe-t-il d'autres personnes réelles ?" a demandé quelqu'un. Réponse : "Oui." Au suivant ! "Et cette façon de parler, elle vient d'où ?" Là, j'ai tenu à expliquer que, si l'ambiance des livres ne ressemblait pas à celle des polars classiques, c'est que Stieg venait du Västerbotten et qu'il ne fallait pas négliger l'importance de l'influence de la Bible. Une des personnes présentes a alors acquiescé et, à ma grande surprise, elle a dit : "Je suis la fille de Per Olov Enquist*."

On s'est quittés en bons termes et ils m'ont invitée à venir à Ystad. Quant à ma collaboration, elle est restée floue.

Mercredi 19 octobre

Per-Erik Nilsson a téléphoné vers 20 heures et m'a lu à haute voix la réponse de Joakim et d'Erland qu'il avait reçue par fax *via* leur avocat Svanström à Umeå. En résumé :

– La réponse à ma demande d'assumer la gestion de la propriété intellectuelle de l'œuvre de Stieg est "NON". Les Larsson continueront à s'en occuper, en concertation avec Norstedts. Ou quelqu'un de leur choix.

– La réponse à la donation de l'appartement est "NON". Sauf si je remets le quatrième manuscrit de *Millénium* à Norstedts. Dans ce cas, la discussion sur la propriété intellectuelle pourra aussi être reconsidérée.

– La réponse sur la part de crédit immobilier de Stieg qui reste sur notre domicile est qu'elle devra être déduite de son assurance-vie.

Enfin, ils soulignaient "avoir été généreux" puisqu'ils me laissaient les fonds de Stieg, les meubles et son assurance-vie (qui m'est en fait destinée et ne doit pas être prise en compte dans la succession).

"Putain !" me suis-je exclamée. "Oui, on peut dire ça", a répondu Per-Erik.

* Ecrivain suédois contemporain.

Ces nouvelles exigences inattendues sont sans doute liées à mon manque de coopération au cours de la réunion avec la société de production cinématographique le 7 octobre dernier.

Alors tout a recommencé. Pour la énième fois, j'ai perdu le sommeil. Je n'arrivais plus du tout à dormir. Je me levais, fumais, me recouchais, me relevais et ainsi de suite, avant de sombrer au petit matin avec du fil barbelé dans la tête. Puis j'ai arrêté de manger. Encore. Je ne sais plus pour la combientième fois.

Jeudi 20 octobre

J'ai écrit un mail à Eva Gedin chez Norstedts et à Magdalena Hedlund de Pan Agency pour leur détailler les réponses d'Erland et Joakim. J'ai expliqué que, puisqu'ils me refusaient la propriété intellectuelle, elles devaient donc annoncer à Yellow Bird que c'étaient les Larsson, et pas moi, qui leur donneraient les informations qu'ils m'avaient demandées. Je n'ai pas eu de réponse.

Vendredi 21 octobre

Rencontre décourageante et désespérante avec P.-E. Nilsson. Non seulement la situation est bloquée, mais il me propose de "réfléchir à cette histoire du quatrième manuscrit". J'ai explosé. "Ils ne l'auront jamais ! L'ordinateur qui le contient probablement appartient à *Expo* et son contenu est protégé par la Constitution : tous les contacts, tous les informateurs, toutes les sources de Stieg pour son travail de journaliste s'y trouvent sans doute ! Ces documents fondamentaux ne peuvent pas tomber entre les mains de gens que ça ne regarde pas !"

Per-Erik a alors dû partir pour s'occuper de ses petits-enfants. J'étais épuisée. Je me suis sentie plus seule que jamais.

Mercredi 26 octobre

Je ne peux plus penser, plus réfléchir, plus travailler. Je suis allée voir le chef du personnel, qui a compris la situation. "Rentre chez toi, tu y seras mieux." Dans le train qui me ramenait à Stockholm, je regardais défiler la campagne d'automne. Elle était comme rassasiée, lourde. La terre était pleine et en même temps fatiguée avec ses couleurs marron, vert, ocre et noir. L'automne me ressemblait. J'étais épuisée et en même temps remplie par le désir de continuer à me battre. Pour Stieg. Comme lui le ferait. Comme il me demanderait de le faire.

En arrivant, j'ai coupé tous les téléphones et j'ai décidé de ne plus lire mes mails pendant quelques jours. Pour la première fois depuis un an, j'allais me reposer, lire de la poésie, réfléchir, me balader, regarder le lac Mälar. Mon *nið* pour Stieg coule dans ses eaux. J'en suis heureuse. Dans le silence de la maison, Stieg est alors revenu, car il y avait de la place pour lui. Je pleurais en écoutant *You Are Always on My Mind.* Je me suis mise à lui parler. Je me sentais minable de ne pas avoir réussi à protéger le travail de sa vie. J'avais l'impression de le trahir.

Lundi 31 octobre

Me suis réveillée vers 10 heures et suis descendue à Furusundsleden regarder l'eau couler. J'ai cherché une pierre à mettre sur la tombe de Stieg. Comment devait-elle être ? Je le saurais certainement en la voyant. Dans l'eau, je ne l'ai pas trouvée. J'ai continué à marcher et mes pas m'ont dirigée vers un gros rocher rouge, à la fois lisse et pelucheux, avec des stries noires. Il m'a fait penser à Stieg. Doux et brut à la fois. Solide et inébranlable dans ses convictions. Avec ses sentiments à fleur de peau, visibles uniquement par ceux qui le connaissaient bien. Il n'y avait pas moyen d'en détacher une petite pierre. J'ai pensé que c'était normal : ce rocher est, comme Stieg, trop entier pour être fractionné. Maintenant, je me fiche de cette pierre. Elle est là. Comme lui.

Je suis ressortie plus tard dans la journée. En entrant dans la forêt, le froid est tombé sur mes épaules. J'ai ramassé des airelles, acides et fraîches. Des myrtilles, aussi. Mais elles étaient fades, gelées et pas bonnes du tout. Le soleil d'octobre perçait entre les feuilles jaunes qui restaient encore aux arbres. Un bel automne pour une femme triste. Je grimpais sur un petit mamelon en marchant sur la mousse. Un doux tapis, mais un sentier qui ne menait nulle part.

"Je vais au moins aller vers la lumière", pensai-je.

Tout en haut, il n'y avait rien à voir, mais je me suis arrêtée un moment au soleil. "Je suis un petit être humain insignifiant au monde", pensai-je.

J'avais échoué dans la seule chose qui avait de l'importance après la mort de Stieg : le défendre. Cet échec était pour moi une trahison. Je n'avais plus le courage de continuer. Les larmes coulaient sur mes joues, sur mon menton, et commençaient à transpercer la laine de mon manteau. Je répétais : "Pardonne-moi, pardonne-moi."

Alors, brusquement, j'ai entendu un bruit très étrange que je ne pouvais identifier. J'ai relevé la tête et j'ai vu un grand corbeau s'approcher. Royal et nonchalant, il s'est mis à me survoler en décrivant des courbes en forme de croissant de lune. On aurait dit qu'il était sorti faire une course et qu'au moment de rentrer, il consentait à ce petit détour pour moi en se disant : "Bon d'accord, si c'est vraiment important." Il s'est longuement adressé à moi d'une voix basse et mélodieuse. Tout à coup, j'étais dans le *nið* pour Stieg où je demandais au couple de corbeaux d'Odin, Hugin et Munin, de faire avec leur bec un trou dans la tête, les yeux et le cœur de tous les lâches, sournois et cruels qui avaient fait souffrir Stieg.

J'étais si stupéfaite que j'ai pensé l'impossible, sans crainte et sans hésitation : "Tu envoies donc ton corbeau, Odin ?"

Je ne sais pas ce que disait l'oiseau, mais sa magnifique voix a atteint mon cœur, apaisé mon désespoir et m'a apporté la paix. Comme si on me répondait : "Tout va bien, il ne faut plus t'inquiéter. Et si tu rentrais maintenant ?" Sur le chemin du retour, mes pas étaient incertains à cause du manque de sommeil et de nourriture. Mais je n'étais plus seule. Stieg me soutenait. *You Were Always on My Mind*. Je le sais, mon ami adoré, même quand tu n'avais pas beaucoup de temps à me consacrer, je sais que j'étais toujours dans tes pensées. Comme toi dans les miennes. Ce soir-là, j'ai compris que l'important maintenant était de ne pas couler.

En rentrant, j'ai envoyé quelques SMS pour dire que j'allais bien et que j'avais simplement besoin de calme et de temps pour réfléchir, et de paix pour me reposer.

Jeudi 3 novembre

J'ai fait changer mes numéros de fixe et de portable. Désormais, à l'exception de mes amis et de ma famille, il faudra passer par Per-Erik ou un autre juriste pour me joindre. Je suis ressortie du magasin incroyablement soulagée.

Je me suis ensuite rendue chez notre médecin de famille qui, lorsqu'elle a vu mon état, a été affolée. Je n'ai pas voulu de médicament ni d'arrêt de travail pendant deux mois, mais j'ai accepté un mois à temps partiel. J'ai besoin de travailler pour occuper mon esprit. Et aussi de me reposer et de mener une vie normale.

Mercredi 9 novembre

Ce soir, commémoration de la Nuit de cristal et premier anniversaire de la mort de Stieg. J'ai travaillé la moitié de la journée au discours que je ferai à partir de photos. J'ai mis un pantalon noir, la chemise Linnéa Braun lavande que j'ai achetée à Myrorna et une veste en daim dénichée aux puces de Falun. J'ai détaché mes cheveux et me suis un peu maquillée.

La réunion se déroulait au restaurant Cirkeln. Du café et des gâteaux circulaient.

Daniel Poohl d'*Expo* a commencé son discours en disant qu'il n'avait pas un souvenir particulier de Stieg, mais plutôt un souvenir continu de lui en train… d'écouter. “Stieg écoutait absolument tout le monde, y compris les gens qui nous paraissaient sans aucun intérêt. Par exemple, on lui disait sans cesse d'arrêter d'écouter ce crétin procédurier de Jan Milld, de Blågula Frågor : «Tu perds ton temps avec lui.» Vous connaissez la suite : Jan Milld est devenu secrétaire général du Parti démocrate. Tout le monde était stupéfait sauf… Stieg, qui l'avait écouté ! Pas étonnant que de nombreux membres haut placés de ce parti aient sincèrement regretté la mort de Stieg car il les écoutait. Il était comme ça, Stieg, il écoutait."

J'étais ébahie. Une fois encore, Daniel, son élégance, sa conviction et son intelligence m'ont stupéfiée.

A mon tour, j'ai pris la parole. J'étais très calme.

J'ai commencé par rappeler que Stieg et moi avions collaboré pendant trente-deux ans et vécu ensemble trente ans. Et que les gens font ce qu'ils font non par hasard, mais parce que tout, dans leur vie, les a conduits à le faire. Ensuite, j'ai ajouté que, pour comprendre l'œuvre de Stieg, il fallait savoir qui il était vraiment. J'ai alors montré les photos en noir et blanc de son enfance avec ses grands-parents. Celles en couleur, prises plus tard, dans leur cuisine avec l'unique cuisinière, et dans l'atelier de mécanique du grand-père où il réparait, entre autres, des vélos. J'ai expliqué que ces gens, pauvres et culturellement marginalisés, étaient pour Stieg une minorité discriminée. Et que finalement, à un moment ou à un autre, on peut tous en devenir une, voire même, selon les mouvements de l'histoire, se retrouver en danger de mort. J'ai poursuivi avec les camps d'internement suédois (celui de Storsien, en particulier) et danois, la déportation de leurs prisonniers et la forteresse de Theresienstadt où ils étaient exécutés ou acheminés vers Auschwitz ou d'autres camps d'extermination. J'ai donné les dates, le nombre de prisonniers et de ceux qui avaient péri. Des indications que j'avais mises à jour le matin même. Puis je suis revenue à une photo de Stieg bébé avec son grand-père, en précisant que Stieg m'avait raconté que cet homme, qui avait été emprisonné à Storsien, avait pu miraculeusement continuer le voyage de sa vie et s'occuper d'un petit garçon qui l'avait aimé comme son père. L'engagement profond de Stieg venait de son enfance, son grand-père lui racontant les événements de la Nuit de cristal alors qu'il était tout petit.

J'ai encore parlé de la fondation à la mémoire de Stieg que je voulais créer. L'idée étant de décerner chaque année un prix pour saluer un militant journaliste ou photographe. J'ai montré l'un de ses portraits préférés, celui que j'ai pris de lui en contre-plongée, et où il se penche en arrière en plein soleil, sourire aux lèvres et yeux plissés, en me regardant. Sous la photo, j'avais monté une phrase tirée d'un éditorial pour le numéro d'*Expo*, jamais paru, de décembre 1997 : "Nous savons que ce que l'on fait est nécessaire…"

Enfin, j'ai conclu en expliquant qu'*Expo* était quasiment mort à cette époque-là, qu'il n'y avait plus de fonds privés pour l'empêcher de couler et que la rédaction était épuisée. J'espérais que tout le monde comprenait maintenant pourquoi Stieg employait le mot "nécessaire".

J'étais contente d'avoir pu agir en ce jour terrible. D'avoir pu parler, entourée de la chaleur de nos amis, calmement et sans être envahie par la tristesse.

Ce 9 novembre n'a pas été une journée de deuil, mais de grande spiritualité.

Mercredi 23 novembre

Nouvelle lettre de l'avocat des Larsson. Il me demande de signer l'accord joint qui concerne le partage de la succession et dans lequel il est officiellement stipulé que l'appartement me sera donné en échange de la remise de l'ordinateur de Stieg.

Dans la lettre d'accompagnement, il précise que les Larsson se plaignent de ne pas avoir été invités à la soirée pour l'anniversaire de la mort de Stieg, et que Norstedts le regrette également. Il fait mention de mon discours qui, dans leur esprit, ne concernait que le Stieg écrivain. Quelle méconnaissance totale de ses engagements ! Cette soirée a toujours fait partie de sa vie. Il aurait été trivial et inimaginable que Stieg ou un autre orateur parle d'autre chose ce soir-là que des événements monstrueux de la Nuit de cristal en 1938. Ceux qui voient Stieg uniquement comme un auteur de polars ne l'ont jamais réellement connu.

Vendredi 25 novembre

Vers 7 h 30, la livraison Ikea m'attendait chez nous. Lits, matelas, draps et housses… tout était là !

Suis allée directement acheter des roulettes pour les lits dans un magasin de Fridhemsplan. Pas celles que j'avais finalement prévues, les trous se retrouvant trop près du bord, mais des doubles, grises, au lieu des hautes, plus fines et en bois noir, que j'avais imaginées.

Samedi 26 novembre

Je suis allée chercher ma perceuse chez une amie. Pour percer les trous, je dois fixer les pieds dans l'établi et utiliser des vis de 4 millimètres et des mèches de 3,5 millimètres. Je me suis rapidement rendu compte que je devrais faire des repères avec une vis plus longue que j'ai trouvée dans un tiroir. J'ai commencé à monter les pieds sur le premier sommier que j'ai installé dans la nouvelle pièce. Matelas, housse et draps en satin à carreaux blanc, noir, gris et ocre. J'ai roulé le canapé-lit près de la fenêtre et je m'y suis installée avec les coussins dans le dos pour regarder le lac Mälar couler tranquillement en bas, dans le canal Hammarby. Suis restée là, en silence, un long moment, tranquille.

J'ai monté et terminé le second canapé-lit et je l'ai mis en angle le long du mur, face au premier. C'était parfait. Maintenant, j'ai une pièce qui correspond à ma nouvelle vie. A la fois un bureau pour travailler, un salon dans lequel mes invités pourront se détendre après le dîner et de la place pour des amis de passage. J'ai rangé les livres de Stieg sur des étagères en teck près de la fenêtre.

Et ensuite j'ai dormi là. Très bien dormi. Tous ces livres autour de moi m'ont donné la sensation de dormir entourée par un monde bienveillant.

Décembre

Courant décembre, Joakim a téléphoné à Britt pour lui dire, entre autres, que, si je publiais le quatrième tome, Norstedts ne publierait pas les deuxième et troisième.

Britt lui a expliqué que l'ordinateur était la propriété d'*Expo* et non celle de Stieg. Visiblement, cet ordinateur est devenu une obsession pour les Larsson ! Quelques jours plus tard, leur avocat a écrit à *Expo* pour savoir où se trouvait l'ordinateur. (Cette question sera soulevée lors de la réunion de direction d'*Expo* en janvier 2006, et la réponse envoyée à la fin du même mois sera : "On ne sait pas.")

M'attendant à être chassée à tout moment de mon appartement, j'ai commencé à mettre mes affaires dans des cartons. Mais je gère bien la situation et il n'y a plus rien qui me soit trop douloureux à regarder ou à imaginer. J'ai retrouvé mon équilibre et ma boussole intérieure. Ma thérapeute dit d'ailleurs que je progresse particulièrement vite.

Il est temps de faire l'épilogue de cette année qui vient de s'écouler. Mais d'abord je dois faire celui de ma vie avec Stieg. Je pleure en écrivant "J'étais aimée" car, finalement, c'est la seule chose qui compte.

Au bout d'un an
J'attends un appel qui ne vient jamais
Son numéro dans mon portable
J'attends un sourire que je ne reçois jamais
Sa photo sur mon mur
J'attends un câlin que je ne reçois jamais
Sa veste dans ma garde-robe
Mais j'entends sa voix me répondre
Quand mon désespoir est à son comble.

Quand Stieg est mort, je n'avais qu'un seul objectif, "survivre", comme je l'ai écrit sur une feuille de papier. Pour 2006, j'ai tracé ces mots : "Apprendre à revivre."

MES ANNÉES 2005 À 2010

Jusqu'en 2007, j'ai continué à travailler régulièrement avec l'équipe dirigeante d'*Expo*. Je m'occupais plus particulièrement de sélectionner les auteurs pour le site consacré à Stieg et je traduisais également des articles en anglais. Au début, j'allais souvent au journal pour montrer que je ne le laissais pas tomber, mais aussi parce que j'avais besoin de me distraire du manque de Stieg. Sa mort ayant réveillé les consciences, la situation financière d'*Expo* s'était considérablement améliorée. Dès le mois de novembre 2004, des dons spontanés avaient commencé à arriver et, début 2005, la Förening artister mot nazister (Association des artistes contre les nazis) s'était engagée sur six ans pour une donation annuelle de 500 000 couronnes (54 671 euros). D'autre part, le Statens Kulturåd (Conseil national de la culture) attribuait maintenant des aides financières à la presse et *Expo* avait commencé une collaboration de longue durée avec la maison d'édition Natur & Kultur…

Ma dernière contribution pour le journal et la fondation a été de rénover en 2007 les locaux. Comme le budget ne dépassait pas 30 000 couronnes (3 282 euros), j'ai passé trois mois à laver et à repeindre les murs et les plafonds, en très mauvais état. Je voulais un ton chaud pour le sol, j'ai donc choisi un rouge foncé. Pour le reste, j'ai pris du blanc et du noir, les couleurs des quotidiens. J'ai aussi fabriqué une table de conférence avec des matériaux de récupération. L'ensemble est assez sobre et dépouillé, sauf la salle des archives où classeurs et vieux journaux s'entassent à l'infini.

Aujourd'hui, les responsables d'*Expo* font partie du jury du prix Stieg-Larsson, organisé par la famille Larsson et la maison d'édition Norstedts.

Expo a survécu et poursuit sa voie. Je poursuivrai la mienne.

Depuis l'automne 2007, mon appartement à Stockholm m'appartient complètement. C'est presque trois ans après la mort de Stieg que les Larsson m'ont soudain fait parvenir les papiers officiels. Jusque-là, j'avais été maintenue dans l'incertitude. Je me tenais prête à quitter les lieux et, depuis plus de deux ans, je vivais au milieu des cartons. Soulagée, je les ai défaits et j'ai organisé une grande pendaison de crémaillère, invitant tous ceux qui étaient restés à mes côtés pendant tout ce temps. Aujourd'hui, les livres prennent de plus en plus de place dans cet espace de cinquante-six mètres carrés. Ils auraient besoin d'une plus grande maison. Pas moi. J'ai repeint les murs et installé une nouvelle cuisine, dans les tons blanc et vert olive. L'appartement ne ressemble plus à ce qu'il était quand Stieg y vivait. Je ne supportais plus d'ouvrir la porte sur mon ancienne vie. Le moindre détail me rappelait son absence. J'ai aussi acheté un tapis d'occasion pour le séjour. Bon marché, il était sale et abîmé, mais c'est un kashgaï réalisé par une artiste de cette tribu de nomades d'Iran. Il représente un jardin plein d'arbres et de fleurs avec, je crois, des canards qui se promènent dans la verdure. Après l'avoir lavé et recousu, je l'ai déroulé sur le plancher, j'ai mis de la musique et j'ai dansé la salsa, pieds nus, sur ce nouveau monde. Je sentais physiquement que la maison était devenue mienne et qu'elle avait cessé de porter l'écho douloureux des temps heureux et perdus à jamais.

Je suis retournée à ma vie professionnelle dans le secteur du bâtiment, toujours dans le domaine du développement durable. C'est mon monde. Un monde exigeant et dur, mais juste. Mon travail a du sens parce qu'il intervient sur le réel. Je peux utiliser librement mes compétences et prendre les décisions que je juge efficaces. Ce n'est pas la réalité virtuelle de l'industrie *Millénium* où je ne peux décider de quoi que ce soit.

Cette industrie *Millénium* est née sept mois après la mort de Stieg, en juillet 2005, dès la sortie en Suède des *Hommes qui n'aimaient pas les femmes*. Elle n'a cessé de grandir avec le succès de la trilogie (plus de quarante millions de livres vendus aujourd'hui dans le monde, sans parler des films pour le cinéma et la télévision, et des livres audio). Parallèlement à cette industrie, un mythe est apparu : le Stieg de *Millénium*. Tout et son contraire ont alors été écrits et racontés sur lui. Le plus souvent par des gens qui le connaissaient à peine, qui étaient loin de notre vie et ne partageaient aucun de nos combats. Pourquoi ? Parce que nous n'avions jamais été des *people*, que nous ne foulions pas les tapis rouges les soirs de première. Que *The New York Times*, *Le Monde*, *The Guardian* ou *El País* ne nous demandaient pas d'interviews comme ils le font à présent pour parler de Stieg et de *Millénium*. La vraie vie de Stieg, et la mienne, étaient souvent ennuyeuses, toujours laborieuses et parfois dangereuses.

C'est pour ces raisons-là que les gens qui s'expriment aujourd'hui sur lui ne nous fréquentaient pas.

Millénium n'est pas qu'une bonne histoire fabriquée par un bon auteur de bons polars. Ces livres parlent de la nécessité de se battre pour défendre ses idéaux, du refus de se rendre, de se vendre ou de se coucher devant plus puissant que soi. Ils parlent de valeurs, de justice, de journalisme au sens noble du terme, de la droiture et de l'efficacité dont certains font preuve dans leur job, policiers compris. Ils parlent de morale, aussi. Aujourd'hui, la réalité virtuelle qui a pris le dessus fait de Stieg le héros de *Millénium*. Or Stieg n'a pas attendu *Millénium* pour être ce qu'il était. Et dans cette vision réductrice de Stieg, certains ont même tenté de me rayer de la carte, moi et nos trente-deux ans de vie commune. Force est de constater qu'il y a de la misogynie là-dessous, et pas seulement à mon égard. Partout où il est question de Stieg Larsson, les femmes ne sont jamais valorisées, alors qu'il a collaboré avant tout avec des femmes toute sa vie. En avril 2007, ma sœur m'a prévenue qu'elle venait de remarquer que quelqu'un avait modifié l'article sur Stieg dans Wikipédia. Depuis le 18 novembre 2006, il était indiqué qu'il n'avait jamais vécu avec ses grands-parents mais toujours avec ses parents. Et là où, auparavant, il était écrit qu'Eva Gabrielsson était sa compagne au moment de sa mort, on lisait maintenant : "avec laquelle il vivait périodiquement au moment de sa mort". Le lien avec ma première interview sur les problèmes de succession, qui était parue dans *Attention*, un magazine économique, avait été aussi supprimé.

Vers 2006, les médias étrangers ont commencé à se prendre d'intérêt pour l'homme derrière *Millénium*. D'abord les médias scandinaves, puis européens, et maintenant ce sont ceux des Etats-Unis et d'Australie qui viennent à Stockholm pour me parler de Stieg. Ils supposent, à juste titre, que je dois être celle qui a le plus de choses intéressantes à raconter, après trois décennies passées dans son intimité.

Les journalistes posent invariablement les mêmes questions, et dans le même ordre. La première porte systématiquement sur la Suède. Est-ce que tout ce que *Millénium* montre (corruption, abus de pouvoir, discriminations et violences faites aux femmes...) existe vraiment dans mon pays ?

Quand je réponds que la plupart des faits, événements et personnages sont réels, la surprise est totale. Etrange comme la Suède apparaît toujours comme un modèle pour beaucoup d'autres nations. Les problèmes y sont pourtant les mêmes qu'ailleurs. Ces interviews me permettent de constater que *Millénium* a écorné l'image de la Suède progressiste et égalitaire en matière des droits de l'homme.

La deuxième question, source d'étonnement pour les journalistes, porte toujours sur le fait que je ne sois pas considérée comme la veuve de Stieg après toutes ces années passées ensemble. Comment ce pays peut-il laisser une telle situation se produire ?

Aujourd'hui, *Millénium* est l'une des plus importantes exportations suédoises avec, je le répète, plus de quarante millions d'exemplaires vendus dans le monde. Mais ce n'est pas qu'un livre. C'est un phénomène qui a eu deux effets majeurs. D'abord, il a permis de diffuser une nouvelle image de la Suède. Ensuite, il a pour conséquence que

Stieg et *Millénium* sont devenus une sorte de marchandise commercialisable à l'infini.

C'est pour cela que j'ai demandé à gérer l'héritage littéraire de Stieg. Depuis 2006, toutes les propositions faites par mes avocats sont allées dans ce sens. Chaque fois, on laissait aux Larsson la liberté de fixer le montant des royalties qui me reviendraient pour ce travail, ce qui leur permettait ainsi de rester bénéficiaires de la majorité des revenus. Un long silence suivait toujours chacune de nos propositions, puis un "non" arrivait. Mon avocate Sara Pers-Krause l'a d'ailleurs expliqué dans les médias suédois en novembre 2009 : "Nous tenons à souligner que l'important pour nous est la gestion de la propriété littéraire de Stieg Larsson et que nous avons, à ce titre, présenté différentes requêtes depuis le printemps 2006, sans jamais obtenir de réponse à aucune d'entre elles."

A partir de février 2009 et durant tout l'été, les journaux ont fait état des pourparlers entre les maisons de production Yellow Bird et Sony à Hollywood à propos d'une adaptation américaine de *Millénium*. Connaissant les valeurs morales des Etats-Unis et sachant que, contrairement à la Suède, douze Etats américains garantissent des droits d'héritage aux concubins, j'étais curieuse de connaître la suite des événements. Je n'ai pas été déçue.

Le 25 octobre 2009, le journal du soir suédois *Aftonbladet* m'appelle pour me parler d'un article qui serait publié le lendemain dans le quotidien *Dagens Nyheter*. Avais-je un commentaire à faire sur les 2 millions de couronnes (environ 218 000 euros) que les Larsson allaient me verser ? J'ai répondu que je n'étais au courant de rien, pas plus que mon avocate. Rien n'a alors été publié.

Une semaine plus tard, le 2 novembre, le quotidien concurrent *Svenska Dagbladet* expliquait dans ses colonnes que les Larsson m'offraient maintenant 20 millions de couronnes (environ 2,1 millions d'euros). La seule chose que je pouvais dire, c'est qu'une fois encore nous n'étions pas du tout au courant.

Le jour même, mon avocate appelait le nouveau représentant des Larsson pour lui préciser qu'un article de journal ne pouvait pas être considéré comme une offre sérieuse, et qu'on attendait quelque chose de plus formel. L'information circula largement dans les médias étrangers.

Un mois plus tard, *American Variety* rapporta que "les négociations entre Sony et Yellow Bird traînaient depuis six mois à cause d'un différend concernant les droits entre les proches de Larsson et sa compagne de longue date, Eva Gabrielsson".

A partir de là, des pourparlers ont repris sur la gestion de l'héritage littéraire de Stieg entre les Larsson, nos avocats et moi.

Durant ces discussions, les Larsson m'ont offert un siège au conseil d'administration de la société qu'ils possèdent et qui administre les revenus des ventes de *Millénium*. Ce siège me donnait accès aux rapports financiers et aux contrats sans que j'aie un mot à dire sur l'utilisation des textes politiques de Stieg et de *Millénium*, qui pouvaient être vendus, utilisés, récrits ou modifiés. Mon rôle aurait été celui d'un simple consultant, écouté ou ignoré selon les vœux des deux propriétaires de la société.

En avril 2010, mon avocat a proposé comme compromis qu'on me donne le droit de gérer "les autres textes", à savoir tout sauf *Millénium*. Et nous avons attendu leur réponse.

En mai 2010 est sorti mon livre écrit avec Gunnar von Sydow, *Sambo – ensammare än du tror (Concubin, plus seul que tu ne penses)*. En janvier 2008, j'avais commencé à me demander si mon cas était si particulier que ça : le concubinage étant courant en Suède, nombre de gens devaient connaître la même situation que moi. Mes recherches m'ont bien sûr fait découvrir beaucoup de compagnes et compagnons d'infortune. Mais, constat étonnant pour mon coauteur et moi-même : notre argument le plus solide, c'est-à-dire le nombre important de gens concernés, est tombé à l'eau d'un seul coup. En effet, pour l'Etat, nous ne sommes qu'une minorité puisque l'Institut suédois des statistiques ne prend en compte que ceux qui ont des enfants en commun. Les autres sont considérés comme des célibataires*.

* La Suède est l'un des premiers pays à avoir tenté de régler la situation des concubins en établissant une loi de protection minimale pour le partenaire dit "le plus faible" : partage de l'habitation en 1973 et des biens communs en 1987. En 2003, les droits ont été étendus aux homosexuels vivant en concubinage. Aujourd'hui, cette loi est avant tout adaptée aux couples qui se séparent. En cas de décès, sans testament préalable, le concubin survivant se retrouve face à un vide juridique. (Contrairement à la situation des couples mariés où l'héritage est automatique à moins qu'un testament ne stipule le contraire.) Les successions se règlent donc à l'amiable. Ou pas.

En France, par exemple, depuis 1999, le Pacs (Pacte civil de solidarité) accorde un droit de succession au pacsé survivant s'il existe un testament dans ce sens ou une déclaration faite au moment du Pacs qui stipule que les biens acquis après la date du Pacs seront communs.
(Source : Eva Gabrielsson et Gunnar von Sydow, *Sambo – ensammare än du tror*, Blue Publishing, 2010.)

Un mois et demi après notre proposition, Joakim et Erland Larsson ont répondu simultanément par voie de presse et, par mail, à mon avocate qu'ils abandonnaient les pourparlers avec moi.

Fiat iustitia, pereat mundus. Que la justice s'accomplisse, le monde dût-il s'effondrer.

SUPPORTEVA.COM

Début avril 2009, mon avocate a reçu une requête inattendue d'un ancien journaliste, Jan M. Moberg, aujourd'hui directeur général en Norvège de la société Edda Media, et de son avocat.

Jan M. Moberg venait de voir une rediffusion des *Millions de Millénium*, sujet d'une émission d'investigation suédoise qui racontait comment l'héritage de Stieg avait été récupéré par son père et son frère. Dans cette émission, ils déclaraient que l'une de leurs idées pour "résoudre le problème" était que j'épouse le père de Stieg.

Jan M. Moberg et deux de ses amis, aussi indignés que lui, souhaitaient lancer un site Internet (www.supporteva.com) afin de m'apporter un soutien moral et financier.

Les fondateurs du site, qui se surnomment "les Trois Mousquetaires de Drammen", voulaient ainsi mettre en application la philosophie d'action et de justice qui nourrit *Millénium*. Leur but : récolter de l'argent et m'ouvrir un compte sur Internet, contrôlé par des avocats en Norvège. J'étais agréablement surprise par leur professionnalisme et mon avocate me donna le feu vert pour accepter cette offre.

Le sens de l'humour de ces Norvégiens est particulièrement euphorisant. Ils invitent les internautes à donner une somme en fonction du nombre de tomes qu'ils ont lus et de leur degré d'indignation. Le site a été lancé en moins de trois semaines et traduit dans plusieurs langues. Sur sa page "Réactions des internautes", les encouragements arrivent du monde entier. J'ai reçu autant de coups de téléphone et de mails de personnes que je connais que de parfaits inconnus, me disant tous qu'ils étaient soulagés de pouvoir s'exprimer.

Juste avant que le site ne soit mis en ligne, Erland et Joakim Larsson ont effectué au magazine *Expo* une donation de 4 millions de couronnes (environ 437 000 euros), qui en suivait une autre de 1 million de couronnes (environ 109 000 euros). Cette nouvelle donna aux Norvégiens l'idée de contacter *Expo* et *Searchlight*, les deux plus grands journaux antifascistes pour lesquels Stieg avait écrit, pour leur demander de parler du site et d'en faire la publicité. Le journal britannique libéra immédiatement un large espace sur son site Internet. De son côté, *Expo* répondit que mon conflit avec les Larsson était malheureux, mais qu'ils ne pouvaient pas prendre parti dans une affaire privée. La même raison fut invoquée par Norstedts, qui refusa la proposition.

Le 25 mai 2009, Norstedts et les Larsson présentèrent ensemble leur premier "prix Stieg-Larsson", d'un montant de 200 000 couronnes (environ 21 880 euros), en mémoire des combats de Stieg contre l'injustice. Il fut remis à *Expo*.

LE QUATRIÈME TOME

Comme je l'ai raconté, le lendemain de la mort de Stieg ma sœur Britt s'est rendue à *Expo* avec Erland et je lui ai demandé d'y apporter le sac à dos de mon compagnon. Ce sac à dos renfermait son agenda, avec le sommaire détaillé du prochain numéro, et l'ordinateur d'*Expo*. Cet ordinateur appartient donc au journal, mais il contient aussi les articles de Stieg, sa correspondance avec *Searchlight*, ses enquêtes, les noms de ses informateurs, etc. A ce titre, il est protégé par la loi qui dit que les sources des journalistes sont sacrées. Cet ordinateur, qui n'avait aucun code d'accès secret, est resté plus de six mois là-bas. A l'époque, quelqu'un avait suggéré de le mettre dans le coffre-fort du journal, mais il était fermé et seul Stieg en possédait le code !

Le quatrième tome de *Millénium* s'y trouve… peut-être.

Il comporte un peu plus de deux cents pages puisque lorsque nous sommes partis en vacances, le dernier été, Stieg en avait déjà écrit plus de cent soixante. Entre les relectures du premier tome, la finalisation du troisième et son travail à *Expo*, il n'a sans doute pas eu le temps, pendant les semaines qui ont précédé sa mort, de faire plus d'une cinquantaine de pages supplémentaires.

Je n'ai pas l'intention de raconter ici la trame du quatrième tome. En revanche, j'ai envie de dire que, dans ce livre, Lisbeth se libère peu à peu de ses fantômes et de ses ennemis. Chaque fois qu'elle parvient à se venger d'une personne qui lui a fait du mal, physiquement ou psychologiquement, elle fait effacer le tatouage qui incarne pour elle cette personne. Alors que ses piercings correspondent à un phénomène de mode adopté par les gens de son âge, les tatouages sont pour Lisbeth une peinture de guerre. Sous plusieurs aspects, la jeune femme se comporte comme une indigène dans une jungle urbaine. Elle agit tel un animal, à l'instinct bien sûr, mais aussi en anticipant les situations et le danger. Comme elle, face à des situations et des gens nouveaux, je fais confiance à mon intuition. Et Stieg le savait bien.

Stieg a écrit deux mille pages en deux ans, quasiment sans notes, sans recherches, à part pour de petits détails, et sans enquête. Comment est-ce possible ? L'explication est simple : c'est nos vies respectives et nos trente-deux ans côte à côte qui forment la base de données de ces livres. Ils sont le fruit de l'expérience de Stieg, mais aussi de la mienne. De son enfance, mais aussi de la mienne. De nos combats, nos engagements, nos voyages, nos passions, nos peurs… Ces livres sont le puzzle de nos vies. C'est pourquoi je ne peux préciser exactement ce qui, dans *Millénium*, vient de Stieg et ce qui vient de moi. En revanche, ce que je sais, c'est que, s'il prenait l'envie à quelqu'un de se lancer dans l'aventure, chaque livre lui demanderait des années de travail.

Le hasard de la vie fait que c'est Stieg, et pas moi, qui a utilisé tous ces éléments pour en faire de la littérature. L'ironie de la vie fait qu'on raconte tout aussi bien que je n'y ai pas du tout contribué, et que c'est moi qui les ai entièrement écrits. Je peux simplement dire que, de la même manière que nous avions un langage commun, nous avons souvent écrit ensemble.

Au mois d'août 2005, Per-Erik Nilsson a soumis une proposition aux Larsson et à Norstedts, dans laquelle il demandait qu'on me donne la gestion du droit moral de l'œuvre de Stieg. Ainsi j'aurais pu en toute légalité travailler sur ses textes et terminer le quatrième tome, ce que je suis capable de faire. Selon lui, cette perspective devait les inciter à trouver une solution.

Les Larsson ont dit non.

Il faut préciser que rien dans les lois suédoises sur l'héritage ne vous oblige à hériter. Il n'est pas interdit de faire don de son héritage ou d'une partie de cet héritage. La loi permet aussi de transférer le droit moral d'une œuvre à quelqu'un d'autre.

Le cas de notre couple – et de beaucoup d'autres dont je parle dans mon livre sur le concubinage –, où l'un perd tout lorsque l'autre disparaît, montre que ces lois archaïques doivent être changées. Elles traitent la création intellectuelle comme si c'était des terres et qu'elles appartenaient à la famille. Quand l'un des concubins meurt, l'autre est subitement privé de tout ce qu'il a créé avec son partenaire et on l'empêche de développer ce qu'ils ont construit ensemble. Or, quand l'héritage est distribué à ceux qui n'ont rien fait, la morale est en jeu puisque ce sont les passifs qui gagnent et les actifs qui perdent. Et la société stagne. Cette situation injuste, médiatisée par mon cas, a poussé nombre de Suédois à officialiser leur couple et à se marier.

Sans le soutien de nos véritables amis – ceux qui ne campent pas sur les plateaux télé, qui ne racontent pas dans la presse ou les livres des souvenirs apocryphes et des anecdotes étranges sur Stieg –, je n'aurais pas survécu à toutes ces années. Qu'ils en soient remerciés ici.

Aujourd'hui, je continue à me battre pour obtenir le droit moral sur *Millénium* ainsi que sur l'ensemble des textes politiques de Stieg. Je me bats pour lui, pour moi, pour nous.

Je ne veux pas que son nom continue d'être une industrie et une marque. Au rythme où vont les choses, pourquoi ne le verrais-je pas un jour sur une bouteille de bière, un paquet de café ou une voiture ? Je ne veux pas que ses combats et ses idéaux soient salis et exploités. Je sais comment il réagirait dans chacune des situations que je connais aujourd'hui. Il se battrait.

Comme lui, je dois le faire.

Au soir de l'inhumation de Stieg, j'écrivais que je désirais "survivre un an". Quelques mois plus tard, au premier anniversaire de sa mort, j'espérais "apprendre à revivre". Aujourd'hui, le mot que je trace sereinement c'est : "Vivre." Ma famille, mon métier, mes engagements, mes amis me le permettent chaque jour.

Pour Stieg. Parce qu'il me le demanderait, commc il l'a fait à l'âge de vingt-deux ans dans sa lettre d'adieu quand il est parti en Afrique.

Pour moi, pour nous et parce que ça nous ressemble, je vais donc continuer.

POST-SCRIPTUM

En janvier 2011, j'ai voyagé en France pour le lancement de ce livre. Ce n'était pas mon premier séjour dans ce pays. En revanche, c'est la première fois que je rencontrais autant de gens, tous lecteurs de *Millénium*. Leurs questions étaient nombreuses et les réponses se trouvent, pour la plupart, dans cet ouvrage. Mais celle qui est revenue le plus souvent est la suivante : Pourquoi ces livres ont-ils connu un tel succès ? Ce sont les lecteurs eux-mêmes qui détiennent la réponse. Beaucoup m'ont dit et continuent à me dire – notamment *via* le site norvégien supporteva.com – que ces livres ont changé leur vie, qu'ils leur ont procuré de nouvelles amours (fictives), de nouvelles perspectives et, surtout, le plaisir de découvrir des héros crédibles. Des êtres qui combattent tout ce qui indigne des gens dans le monde entier, indépendamment de leur pays d'origine ou du continent sur lequel ils vivent : l'injustice, la corruption, les pratiques commerciales illicites, la passivité des médias et la violence à l'encontre des femmes. Mais ils disent aussi que ces livres leur ont fait peur. Ils ne voient plus la Suède (pays possédant un fort mouvement d'extrême droite depuis la Seconde Guerre mondiale) comme une sorte d'idéal, un château de rêve. Et ils s'inquiètent : si cette situation est possible en Suède, elle doit l'être aussi ailleurs.

Tout ce que j'ai entendu confirme quelque chose dont je me doutais déjà. Les lecteurs ont intuitivement compris l'idée de ces livres, mais ils avaient besoin qu'on la leur confirme. Ce que j'ai fait. Oui, soyez rassurés, le contenu de ces livres vient du cœur et il est vrai puisque nous l'avons vécu Stieg et moi. Rien n'a été écrit pour séduire et faire vendre.

Alors peu importe que "l'industrie *Millénium*" continue à lancer sur le marché des films, des vêtements, des tasses à café et autres produits dérivés. Tout cela est insignifiant au regard des vraies valeurs qui séduisent les lecteurs de *Millénium*. Et les interrogent. J'espère modestement qu'avec *Millénium, Stieg et moi*, j'apporte aussi de vraies réponses.

Merci à tous ceux que j'ai rencontrés et qui m'ont écrit. Vous êtes ma force et ma source d'inspiration.

Et le café était délicieux.

EVA GABRIELSSON,
Stockholm (Suède), février 2012.

REMERCIEMENTS

Marie-Françoise Colombani remercie :

– Eva Gabrielsson pour sa confiance ;

– Régis Boyer, spécialiste de littérature et de civilisation scandinaves, et Gunnar Lund, ambassadeur de Suède en France, pour leurs précieuses informations ;

– H. Poussin pour son soutien et sa culture ornithologique ;

– Michelle Fitoussi, lectrice de la première heure de *Millénium*, pour ses connaissances en bâtiment ;

et Bruno Lafforgue pour sa patience.

TABLE

Préface, *par M.-F. Colombani* 9

Du café 13
Jeunesse 17
Nos mamans 25
Rencontre 31
Le voyage en Afrique 37
Stockholm 39
L'agence TT 45
Expo 49
Menaces 55
Millénium 63
Les valeurs journalistiques de Stieg 67
Féminisme 71
Au cœur de la Bible 75
Le devoir de vengeance 79
Les adresses de *Millénium* 81
Les personnages 87

Cahier photos 97

La Grenade 105
Naviguer 109
Déboires et magouilles dans l'immobilier 113
Vers la publication 117
Novembre 2004 125
Les jours d'après 133
Les adieux 137
La vengeance des dieux 143
Mon journal pendant l'année 2005 151
Mes années 2005 à 2010 179
Supporteva.com 189
Le quatrième tome 191

Post-scriptum 195

Remerciements 197

BABEL

Extrait du catalogue

1013. KHADIJA AL-SALAMI
Pleure, ô reine de Saba !

1014. SOROUR KASMAÏ
Le Cimetière de verre

1015. LAURENT GAUDÉ
La Porte des Enfers

1016. SAM SAVAGE
Firmin

1017. WAJDI MOUAWAD
Littoral

1018. ROMAN DE BAÏBARS 5
La Trahison des émirs

1019. ROMAN DE BAÏBARS 6
Meurtre au hammam

1020. MATHIAS ÉNARD
Zone

1021. JEANNE BENAMEUR
Laver les ombres

1022. JÉRÔME FERRARI
Dans le secret

1023. PASCAL MORIN
Bon vent

1024. A. M. HOMES
Ce livre va vous sauver la vie

1025. ANDREÏ GUELASSIMOV
L'Année du mensonge

1026. HANAN EL-CHEIKH
Londres mon amour

1027. WAJDI MOUAWAD
Incendies

1028. DAVID HOMEL
L'Analyste

1029. FABRICE NICOLINO
Bidoche

1030. NAOMI KLEIN
La Stratégie du choc

1031. DARINA AL-JOUNDI / MOHAMED KACIMI
Le Jour où Nina Simone a cessé de chanter

1032. WILLIAM T. VOLLMANN
Pourquoi êtes-vous pauvres ?

1033. CÉSAR AIRA
La Princesse Printemps

1034. INTERNATIONALE DE L'IMAGINAIRE N° 25
Le Patrimoine culturel immatériel,
premières expériences en France

1035. NAGUIB MAHFOUZ
Le Cortège des vivants

1036. RÛMÎ
Le Livre du Dedans

1037. IBN 'ARABÎ
La Profession de Foi

1038. IBN KHALDÛN
La Voie et la Loi

1039. ANNE-MARIE GARAT
L'Enfant des ténèbres

1040. KARSTEN LUND
Le Marin américain

1041. CHI LI
Préméditation

1042. JOSEPH E. STIGLITZ
Le Triomphe de la cupidité

1043. LILIANA LAZAR
Terre des affranchis

1044. YOKO OGAWA
La Marche de Mina

1045. SONALLAH IBRAHIM
Le Comité

1046. SONALLAH IBRAHIM
Cette odeur-là

1047. MOURAD DJEBEL
Contes des trois rives

1048. CLARO
Madman Bovary

1049. JEANNE BENAMEUR
Les Reliques

1050. KATARINA MAZETTI
Entre Dieu et moi, c'est fini

1051. STEFANO BENNI
Margherita Dolcevita

1052. OLIVIER PY
Théâtre complet III

1053. CLAUDIE GALLAY
Les Années cerises

1054. IN KOLI JEAN BOFANE
Mathématiques congolaises

1055. ANDRÉ BENCHETRIT
Impasse Marteau

1056. MARIE-SABINE ROGER
Les Encombrants

1057. PIERRE RABHI
Manifeste pour la Terre et l'Humanisme

1058. MOHED ALTRAD
Badawi

1059. AKIRA YOSHIMURA
Le Convoi de l'eau

1060. SEFI ATTA
Le meilleur reste à venir

1061. LIEVE JORIS
Les Hauts Plateaux

1062. FRANS DE WAAL
L'Age de l'empathie

1063. PAUL AUSTER
Seul dans le noir

1064. KATARINA MAZETTI
Entre le chaperon rouge et le loup, c'est fini

1065. DON DELILLO
L'Etoile de Ratner

1066. RACHID EL-DAÏF
Passage au crépuscule

1067. SHAHNON AHMAD
Le Riz

1068. METIN ARDITI
Loin des bras

1069. LYONEL TROUILLOT
Yanvalou pour Charlie

1070. VÉRONIQUE BIZOT
Mon couronnement

1071. SYLVAIN COHER
Hors saison

1072. KALÂBÂDHÎ
Traité de soufisme

1073. GHAZÂLÎ
Temps et prières

1074. ETGAR KERET
La Colo de Kneller

1075. KHALED AL KHAMISSI
Taxi

1076. JOËL DE ROSNAY
Et l'homme créa la vie…

1077. NOURJEHAN VINEY
Les Contes du roi Vikram

1078. *
Histoire de 'Arûs, la Belle des Belles, des ruses qu'elle ourdit, et des merveilles des mers et des îles

1079. JOUMANA HADDAD
Le Retour de Lilith

1080. JOSÉ CARLOS SOMOZA
La Clé de l'abîme

1081. PETER HØEG
La Petite Fille silencieuse

1082. MAGYD CHERFI
Livret de famille

1083. INTERNATIONALE DE L'IMAGINAIRE N° 26
Labyrinthes du réel : écrivains estoniens contemporains

1084. HENRY BAUCHAU
Déluge

1085. CLAUDIE GALLAY
Les Déferlantes

1086. KATARINA MAZETTI
La fin n'est que le début

1087. ALBERTO MANGUEL
Tous les hommes sont menteurs

1088. JACQUES POULIN
Les Yeux bleus de Mistassini

1089. MICHEL TREMBLAY
Un objet de beauté

1090. ANNE-MARIE GARAT
Pense à demain

1091. CLAUDE PUJADE-RENAUD
Les Femmes du braconnier

1092. M. J. HYLAND
Le Voyage de Lou

1093. MARINA TSVETAÏEVA
Mon Pouchkine

1094. LAURE ADLER
L'Insoumise, Simone Weil

1095. XAVIER HAREL
La Grande Evasion

1096. PAUL VIRILIO
La Pensée exposée

1097. SÉBASTIEN LAPAQUE
Il faut qu'il parte

1098. IMRE KERTÉSZ
Le Drapeau anglais

1099. AKIRA YOSHIMURA
Liberté conditionnelle

1100. YOKO OGAWA
La Bénédiction inattendue

1101. SALIM BARAKAT
Le Criquet de fer

1102. RUSSELL BANKS
Le Livre de la Jamaïque

1103. WAJDI MOUAWAD
Forêts

1104. JEANNE BENAMEUR
Ça t'apprendra à vivre

1105. JOSEPH E. STIGLITZ
Le Rapport Stiglitz

1106. COLINE SERREAU
Solutions locales pour un désordre global

1107. MAJID RAHNEMA
La Puissance des pauvres

1108. ALAIN GRESH
De quoi la Palestine est-elle le nom ?

1109. JANE GOODALL
Nous sommes ce que nous mangeons

1110. *
Histoire des quarante jeunes filles

1111. MATHIAS ÉNARD
L'Alcool et la Nostalgie

1112. NANCY HUSTON
Infrarouge

1113. JÉRÔME FERRARI
Un dieu un animal

1114. PAUL AUSTER
Invisible

1115. W. G. SEBALD
Les Anneaux de Saturne

1116. ALAIN SULZER
Un garçon parfait

1117. FLEMMING JENSEN
Imaqa

1118. ALAIN LE NINÈZE
Sator

1119. AMARA LAKHOUS
Choc des civilisations pour un ascenseur Piazza Vittorio

COÉDITION ACTES SUD – LEMÉAC

Ouvrage réalisé
par l'atelier graphique Actes Sud.
Reproduit et achevé d'imprimer
en mai 2012
par Normandie Roto Impression s.a.s.
61250 Lonrai
pour le compte des éditions
Actes Sud
Le Méjan
Place Nina-Berberova
13200 Arles.

Dépôt légal
1re édition : juin 2012
N° d'impression : 122100
(Imprimé en France)